英語の交渉 直前7時間の技術

ロッシェル・カップ 著

はじめに

グローバル化により日本のビジネスパーソンは、以前と比べて外国人との仕事上での関わりが深くなっています。「君は英語ができるから」と、複雑なビジネスディスカッションに参加するように言われる機会も少なくありません。こうした場面に対応するには、**英会話レッスンで学んだ英語とは違う表現を身に付ける必要**がありますが、準備時間をあまり取れないのが現実です。そういった状況に置かれている方のために、この本を用意しました。

本書は「交渉」とその「準備」の方法、グローバル時代の新常識とともに、相手に伝わりやすい自然な英語表現を学べる構成になっています。

7時間の学習時間のうち4時間を事前準備に充てたことからもわかるように、**「準備」は交渉成功への鍵**となります。英語に苦手意識があるのならなおさら、きちんとした準備を行うことが大切です。

準備を円滑に進めるため、本書では「表」を活用しています。**まずは日本語で埋め、それを英語に訳し、内容を相手にどう伝えるかを考える**……という順番で使っていきます。この過程を経ることで、達成したい目標や戦略を整理でき、最も役立つ英語表現を身に付けることができるのです。

今や交渉の相手は、英米のネイティブスピーカーだけではありません。世界中のさまざまな文化を持つ人々と、英語で交渉する必要があります。そのため本書では、**日本人が頻繁に取引する国・地域の特性と、交渉における傾向**

を紹介しました。また、**誤解を招きがちな日本人の態度・行動**に関する注意も載せています。

戦略を練り、各段階での準備を整え、必要な英語表現を自分のものにして、交渉で良い結果を得るお手伝いを本書ができれば、大変うれしく思います。

皆様の交渉が上手くいくよう願っています！

ロッシェル・カップ

シリコンバレー、カリフォルニア

2015年10月

本書の内容に関して何か質問やご感想があれば、ぜひ下記のメールアドレスまでお寄せください（日本語でどうぞ）：rochelle.kopp@japanintercultural.com

目　次

はじめに ……………………………………………………………… 002
英語の交渉は直前7時間で勝負！ ………………………………… 006
この本の使い方 ……………………………………………………… 008

本番まであと7時間!!

オリエンテーション ………………………………………………… 011
　Unit 1　文化の違いを知る ……………………………………… 012
　Unit 2　日本人が注意すべきポイント ………………………… 022
到達度チェックリスト ……………………………………………… 032

本番まであと6時間!!

手順の確認 …………………………………………………………… 033
　Unit 3　事前準備 ………………………………………………… 035
　Unit 4　資料作成 ………………………………………………… 041
到達度チェックリスト ……………………………………………… 052

本番まであと5時間!!

　Unit 5　必要事項を英語化する：前編 ………………………… 054
到達度チェックリスト ……………………………………………… 070

本番まであと4時間!!

　Unit 6　必要事項を英語化する：後編 ………………………… 072
到達度チェックリスト ……………………………………………… 085

本番まであと3時間!!

交渉のプロセス	088
Unit 7　情報収集	089
Unit 8　抵抗	095
到達度チェックリスト	103

本番まであと2時間!!

Unit 9　戦略の立て直し	106
Unit 10　厳しい駆け引きと意思決定	112
到達度チェックリスト	119

本番まであと1時間!!

Unit 11　合意と承認	122
Unit 12　フォローアップ	129
到達度チェックリスト	134

言いたいことがすぐ探せる!
場面・機能別フレーズ集

Unit 2	日本人が注意すべき表現("No."と"Yes."を伝える／話に積極的に参加する／自分の態度を説明する／決定権を説明する)	135
Unit 7-8	交渉冒頭の表現(情報収集する／抵抗する)	142
Unit 9-10	交渉中盤の表現(戦略の立て直し／厳しい駆け引きと意思決定)	148
Unit 11-12	交渉終盤の表現(合意と承認／フォローアップ)	155

英語の交渉は**直前7時間**で勝負!

本書の内容は、7時間後に英語で交渉を行うことを想定して、以下のように構成されています。本番までの時間は限られているので、自分に必要と思われる英語フレーズだけを選んで口に出しながら、各ユニットの学習を進めましょう。

本番まであと**7**時間!!

【オリエンテーション】 **5**分
【基礎知識】 **Unit 1** 文化の違いを知る **25**分
　　　　　　 Unit 2 日本人が注意すべきポイント **30**分

- グローバル時代に必須の**文化別交渉の違い**や、**日本人がやりがちなミス**とその対策を学びます。

本番まであと**6**時間!!

【事前準備(日本語)】 **Unit 3** 事前準備 **25**分
　　　　　　　　　　 Unit 4 資料作成 **30**分

- 交渉の成否を分ける**事前準備**を、日本語で**表を埋めながら**行います。

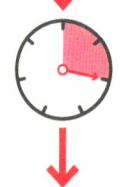

本番まであと**5**時間!!

【事前準備1(英語)】 **Unit 5** 必要事項を英語化する:前編 **60**分

本番まであと**4**時間!!

【事前準備2(英語)】 **Unit 6** 必要事項を英語化する:後編 **60**分

- 日本語の表を英語化するとともに、**その内容をどう相手に伝えるか**を学びます。

本番まであと**3**時間!!

【交渉冒頭】 Unit 7 情報収集 25分
　　　　　 Unit 8 抵抗 30分

- Unit 6までで用意した内容を、効果的に相手にぶつけるための表現を学びます。

本番まであと**2**時間!!

【交渉中盤】 Unit 9 戦略の立て直し 30分
　　　　　 Unit 10 厳しい駆け引きと意思決定 30分

- 妥協の範囲や譲れない条件を念頭に、押したり引いたりの駆け引きを行って、交渉を合意にもっていくための表現を学びます。

本番まであと**1**時間!!

【交渉終盤】 Unit 11 合意と承認 40分
　　　　　 Unit 12 フォローアップ 20分

- 合意の形成を確認し、内容を文書化するための表現と、今後の行動について取り決める表現を学びます。

さあ、交渉の場に赴きましょう!

これで交渉に臨むための準備は完了です。
言うべき表現を声に出して繰り返し練習したら、
さまざまな作戦を胸に交渉を始めましょう。

この本の使い方

各時間の学習内容は、Unitごとに異なります。
主なコーナーを取り上げたので、確認しながら学習しましょう。

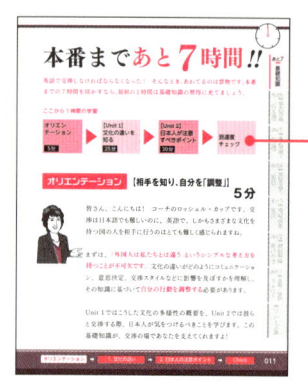

① 1時間の学習の流れ

その時間に学習する内容と、時間配分が示されています。**各Unitの時間配分は毎回異なるので、必ず確認してください。** このチャートは右ページ下部に常に表示されるので、進行状況の把握に使いましょう。

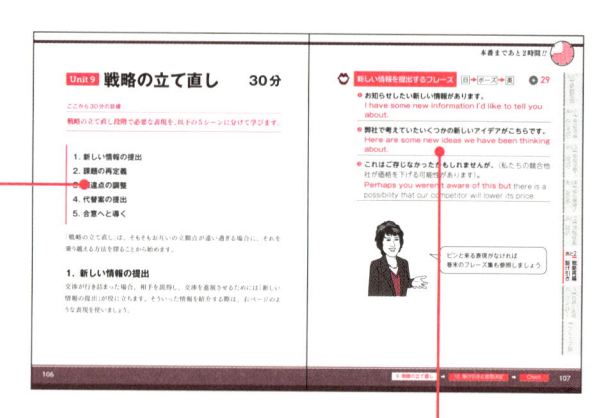

② 1 Unitごとの目標

そのUnitで学習する内容を示しています。設定時間の中で何を学ぶか、確認しましょう。

③ 日→英で重要フレーズを練習

各Unitで学びたい重要フレーズは、CDに「日本語→ポーズ→英語」の順に収録されています。最初は英文を見ながら、慣れてきたら目を離してポーズの部分で英語を言いましょう。
● 01の数字の部分がトラック番号を示しています。
（重要フレーズのないUnitもあります）

008

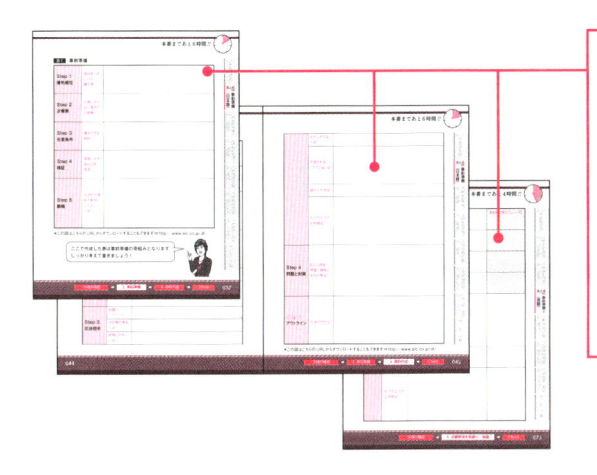

④ 事前準備用の表

本文中に、事前準備の際に書き込む表をいくつか掲載していますが、繰り返し使うものなのでコピーするか、データをダウンロードすることをおススメします。
（ダウンロードの方法は次ページ参照）

⑤ 事例の英訳例の音声

Unit 5と6で紹介している「事例の英訳例」の音声は、ダウンロードして聞くことができます。収録順は「１つの項目の英訳→相手に言うフレーズ」となっていて、ファイル番号は表の右上の **DL** 01-06 に記されています。
（ダウンロードの方法は次ページ参照）

⑥ 学習の到達度をチェック

各Unitで学んだ知識やフレーズが、きちんと身に付いているかを空所補充形式で確認するページです。埋められない部分は、次の学習に進む前に必ず復習を！

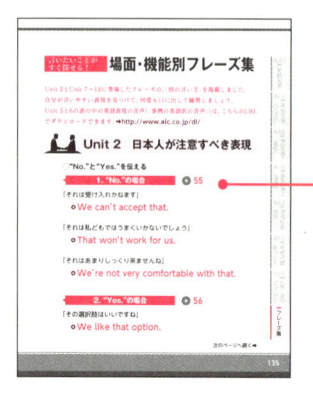

⑦ 場面・機能別フレーズ集

Unit 2とUnit 7～12に登場したフレーズの、「別の言い方」を紹介しています。参照して、自分が使いたいフレーズを見つけましょう。こちらは英語の音声のみ収録しています。

「事前準備用の表」「事例の英語訳の音声」ダウンロードのご案内

本文中で取り上げている「事前準備用の表」3種の文書ファイルと、Unit 5と6で紹介している「事例の英訳例」の音声ファイル(mp3)は、ダウンロードしてご利用いただけます。

下記のリンクにアクセスし、『英語の交渉　直前7時間の技術』を選択、フォームに必要事項をご記入の上送信いただくと、ダウンロードページURLのご案内メールが届きます。

ALC Download Center　http://www.alc.co.jp/dl/

- 弊社制作の音声CDは、CDプレーヤーでの再生を保証する規格品です。
- パソコンでご使用になる場合、CD-ROMドライブとの相性により、ディスクを再生できない場合がございます。ご了承ください。
- パソコンでタイトル・トラック情報を表示させたい場合は、iTunesをご利用ください。iTunesでは、弊社がCDのタイトル・トラック情報を登録しているGracenote社のCDDB(データベース)からインターネットを介してトラック情報を取得することができます。
- CDとして正常に音声が再生できるディスクからパソコンやmp3プレーヤー等への取り込み時にトラブルが生じた際は、まず、そのアプリケーション(ソフト)、プレーヤーの製作元へご相談ください。

本番まであと **7時間**‼

英語で交渉しなければならなくなった！　そんなとき、あわてるのは禁物です。本番までの7時間を活かすなら、最初の1時間は基礎知識の習得に充てましょう。

ここから1時間の学習

オリエンテーション（5分）▶【Unit 1】文化の違いを知る（25分）▶【Unit 2】日本人が注意すべきポイント（30分）▶ 到達度チェック

オリエンテーション　【相手を知り、自分を「調整」】　5分

皆さん、こんにちは！　コーチのロッシェル・カップです。交渉は日本語でも難しいのに、英語で、しかもさまざまな文化を持つ国の人を相手に行うのはとても難しく感じられますね。

まずは、**「外国人は私たちとは違う」というシンプルな考え方を持つことが不可欠です**。文化の違いがどのようにコミュニケーション、意思決定、交渉スタイルなどに影響を及ぼすかを理解し、その知識に基づいて**自分の行動を調整する**必要があります。

Unit 1ではこうした文化の多様性の概要を、Unit 2では彼らと交渉する際、日本人が気をつけるべきことを学びます。この基礎知識が、交渉の場であなたを支えてくれますよ！

オリエンテーション ➡ 1. 文化の違い ➡ 2. 日本人の注意ポイント ➡ Check

Unit 1 文化の違いを知る　25分

ここから25分の目標

次の5つの文化的側面が、交渉に与える影響を知りましょう。

- コミュニケーションスタイル
- 言葉への依存度
- 時間に対する考え方
- 意思決定のプロセス
- 人間関係重視の度合い

このUnitでは、交渉に影響する可能性のある「文化間の違い」について、重要ポイントを紹介します。

1. コミュニケーションスタイル

文化によって大きく異なるものの筆頭が、**コミュニケーションスタイル**です。次ページの図1の左寄りの文化圏は、直接的コミュニケーションを大切にします。問題を解決するためにはオープンに話したほうがよく、意見が対立しても相手との人間関係には影響しないと思っています。ディベートとディスカッションを好み、自分の意見を言うことをためらいません。

図1　コミュニケーションスタイルと対立への姿勢

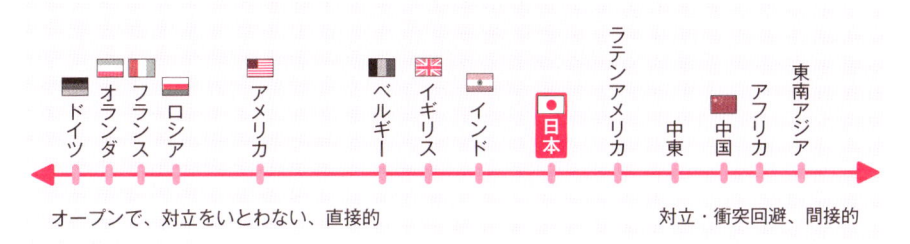

ドイツ　オランダ　フランス　ロシア　アメリカ　ベルギー　イギリス　インド　日本　ラテンアメリカ　中東　中国　アフリカ　東南アジア

オープンで、対立をいとわない、直接的　　　　　　　　　　　　　対立・衝突回避、間接的

一方、この図1の右寄りにある文化は**衝突回避型**で、コミュニケーションスタイルは間接的です。人間関係にひびが入ることを恐れて、否定的な意見はオブラートに包んだようなソフトな言い方で伝えます。意見をまったく言わないことも少なくありません。

この図でもわかるように日本人はかなり右のほうに位置し、間接的なコミュニケーションを好みます。そのため「外国人とコミュニケーションするときはもっとストレートに話すべきだ」と考えがちですが、**日本よりもさらに間接的なコミュニケーションスタイルを持つ文化がある**ことを忘れないようにしましょう。

具体的には、以下のような点に注意する必要があります。

直接的なコミュニケーションスタイルの相手には

- 反対や批判をされても、個人的に嫌われているわけではない
- 直接的で繊細さに欠ける表現を使われても、無礼だと感じない
- 自分の意見を言葉で表すことをためらわない
- 気になることがあれば、ネガティブな内容でも直接本人に言う
- 自分の行動を相手に言葉で説明する

> **間接的なコミュニケーションスタイルの相手には**
> - 他人の前で反対や批判をしないようにする
> - 異論を述べる際は、声の調子や言葉の選択に注意する
> - 相手の微妙なニュアンスに対して敏感になる
> - 出席者が多い会議でなく、1対1での会話に重点を置くようにする

2. 言葉への依存度

下の図2を見ればわかるように、**日本人は言葉に依存しないコミュニケーションを好み**ます。このような文化を持つ人は、言葉よりも体の動き、声の調子、顔の表情などに注意を払います。人々が同じ文化的背景を共有しているため、言語に依存しないコミュニケーションが可能なのです。

これに対して、圧倒的多数を占める**言語依存型コミュニケーション**を好む人々は、曖昧さを嫌い、メッセージを明確に伝えるために言語を駆使します。交渉の場では機関銃のように言葉を次から次へと繰り出し、送られてくるメールや文書もいちいち長いので、読んだり答えたりするのにも骨が折れます。

図2　言葉への依存度

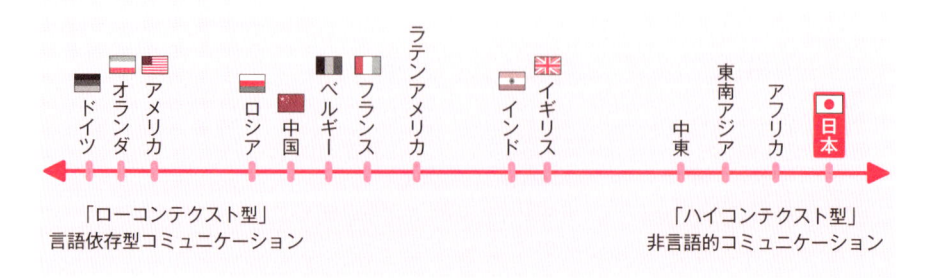

左から:ドイツ、オランダ、アメリカ／ロシア、中国、ベルギー、フランス、ラテンアメリカ／インド、イギリス／中東、東南アジア、アフリカ、日本

「ローコンテクスト型」言語依存型コミュニケーション ←→ 「ハイコンテクスト型」非言語的コミュニケーション

本番まであと7時間!!

言葉への依存度が高い相手には

- 意識的により多くの言葉を使って表現する
- 言いたいことは言葉にする。声の調子や顔の表情、心遣いとしての贈り物などに頼り過ぎない
- 説明、定義、明確な指示を相手に伝える
- 十分な情報が伝わったかどうか、相手に確認する

言葉への依存度が低い相手には

- 必要な情報を入手するため、上手に質問する
- 直接的コミュニケーションのための時間を作る
- 相手を疲れさせないよう、簡潔な表現を心がける
- 書面でやり取りする場合は、視覚に訴える（図、表、図解、箇条書きなど）

> 言葉への依存度が日本より低い文化はまれですが、念のため挙げておきます

オリエンテーション → 1. 文化の違い → 2. 日本人の注意ポイント → Check

3. 時間に対する考え方

下の図3で左寄りの文化ほど、「時間は貴重で無駄にしてはいけないもの」だと考えます。時間の浪費は双方に不利益をもたらすと考え、迅速さ、効率、利便性、時間管理に重きを置き、**時間の節約を優先**させます。

一方、右寄りの文化は「時間は十分にあるもの」だと考えます。物事を正しく行うのに時間はかかるもので、急ぐ必要はないと考えるため、**時間節約の優先順位は高くありません**。

このような時間感覚の違いが交渉に与える影響はかなり大きいと言えます。時間を重視する文化の人は交渉のペースが遅いとイライラしがちで、スケジュールを厳守しようとします。逆に、時間をあまり重視しない文化の人は、何事も急いで行おうとしないので、交渉が長期化する可能性があります。

時間感覚はさらに細かいところにも影響します。交渉の会合が定められた時間にスタートし、時間通りに終わるかどうか、メールの返事がどれほどすぐに返ってくるか、などです。

図3　時間に対する考え方

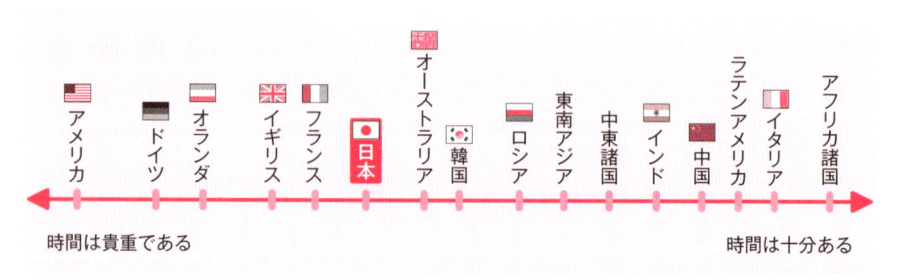

左から右へ：アメリカ、ドイツ、オランダ、イギリス、フランス、日本、オーストラリア、韓国、ロシア、東南アジア諸国、中東諸国、インド、中国、ラテンアメリカ、イタリア、アフリカ諸国

時間は貴重である　　　　　　　　　　時間は十分ある

本番まであと7時間!!

時間を重視する相手には

- 相手を待たせないように、実現可能で時間的余裕が十分にある締め切りを設定する
- 締め切りを厳守する
- 待たせれば相手をいら立たせることを理解する
- 交渉や実行に時間がかかる場合、理由をはっきりと説明する
- あまり関係のないことで相手に時間を使わせないようにする
- 多忙のため相手が話したがらなくても、「無視された」と考えない
- メールにすぐに返信する
- 会議の開始・終了時間を守り、会議中の時間管理にも気をつける

時間を重視しない相手には

- 速いペースに不慣れで、こちらに合わせるのに努力が必要なことを理解する
- 計画の立案と履行に関しては、詳細に指導し、トレーニングも行う
- 進行状況に気を配り、履行されているかフォローアップする
- 相手のペースを考慮に入れて、できるだけ現実的に時間を見積もる
- 「スピード優先が当然」と考えず、品質やリスク回避、人間関係の構築等も考慮する
- 会議の時間に遅れても侮辱だと捉えない。メールの返事が遅くてもパニックに陥らない

> 時間に几帳面なイメージのある日本人より、さらに時間と効率を重視する文化がありますね

オリエンテーション → 1. 文化の違い → 2. 日本人の注意ポイント → Check　　017

4. 意思決定のプロセス

下の図4で左寄りの文化ほど、**トップダウン方式**の意思決定を好みます。リーダーが決断して、部下に何をすればいいか、詳細な指示を与えることが期待されます。一方、右寄りの文化は**コンセンサス重視**なので、決断の前に皆の意見を聞きます。組織の主導権は全員が握るべきで、リーダーが自分の意見を押し付けるのはよくないと考えています。

日本の意思決定には、トップダウンとコンセンサスの両方の要素が存在します。そのため、左寄りの文化の人から見ればコンセンサス重視に、右寄りの文化の人から見ればトップダウン方式に見えるわけです。

交渉には意思決定のスタイルが大きな影響を及ぼします。トップダウン文化の場合、トップの考え方と性格がすべてを左右するため、その人**個人のインパクトが非常に大きく**なります。一方コンセンサス文化では、**意思決定のプロセスに関わる人の数が多く、その分時間がかかり**ます。

図4　意思決定のプロセス

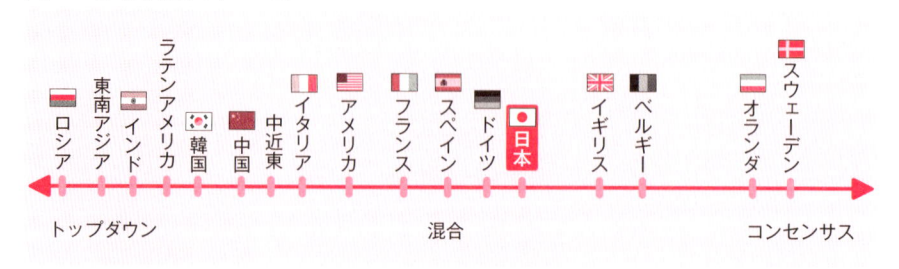

トップダウン　ロシア　東南アジア　インド　ラテンアメリカ　韓国　中国　中近東　イタリア　アメリカ　フランス　スペイン　ドイツ　日本　イギリス　ベルギー　オランダ　スウェーデン　コンセンサス

（左）トップダウン　（中）混合　（右）コンセンサス

本番まであと7時間!!

トップダウン方式の相手には

- 意思決定者、あるいは大きな影響を与える人物を把握し、人間関係を築いて相手の目標や考え方を理解する。その人物へのアピールと説得に努める
- トップが意思決定するので、組織の中間以下のメンバーとの議論はあまり重要でない。できるだけ早くトップと話す機会を持つ
- 意思決定は迅速に行われることが多いと心得る
- 自分の組織の意思決定プロセスを説明し、透明性を保つよう心がける（コンセンサス重視の組織の意思決定は、相手にとって非常に不可解）
- 承認手順をできるだけ減らし、意思決定の方法をスリムにする

コンセンサス重視の相手には

- コンセンサス育成に時間がかかることを理解し、せっかちにならない
- 意思決定関係者それぞれが違った観点・関心を持っているので、各人の考え方を理解し、全員にアピールできるような多面的な論拠を示す
- 組織のあらゆる層が意思決定に参加するので、各層での議論が重要

オリエンテーション ➡ 1. 文化の違い ➡ 2. 日本人の注意ポイント ➡ Check

5. 人間関係重視の度合い

下の図5で左寄りの文化は、社交や対人関係よりも「仕事を終わらせること」に重点を置き、**任務遂行から最大の満足感**を得ます。ビジネスの場での世間話、接待、アフターファイブの付き合いなどはあまりありません。

対照的に右寄りの文化では、人間関係が重視されます。そのため世間話や社交に多くの時間を費やします。人間関係の構築・維持のための活動が優先され、**好意的な関係の構築から一番の満足感**を得ます。

人間関係重視の相手とは、ビジネスの前に良い関係を築かなければならず、そのための努力が必要です。逆に任務遂行重視の相手は、to-do list（しなければならないことのリスト）の用件を片付けたい気持ちが非常に強いので、「関係を深めた」や「お互いの理解を促進した」ではなく、「これを決めた」や「これに関して同意できた」というような具体的な結果を求めてきます。交渉をスムーズに行うためには、相手の文化がどれくらい人間関係または任務遂行を重視しているかを知っておくことが大切です。

図5　人間関係重視の度合い

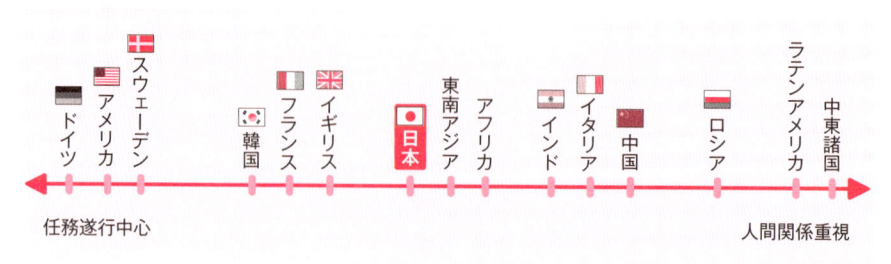

ドイツ　アメリカ　スウェーデン　韓国　フランス　イギリス　日本　東南アジア　アフリカ　インド　イタリア　中国　ロシア　ラテンアメリカ　中東諸国

任務遂行中心　←　　　　　　　　　　　　　　　　→　人間関係重視

本番まであと 7 時間 !!

任務遂行を重視する相手には

- 最初の段階の getting-to-know-you（お互いを知り合う）活動をできるだけ短くし、すぐに getting down to business（具体的な仕事の話）に入るようにする
- 世間話で相手の時間を浪費しないように心掛け、会話のテーマもビジネスに直接関係のあるものにする
- 相手が冷淡だったり無関心に見えるのは、仕事に集中しているためだと心得る
- 親睦を深めたい場合は相手からの招待を待たず、そのための時間を作って自分で場をセッティングする

人間関係を重視する相手には

- 最初の段階の getting-to-know-you 活動が非常に重要。会議中および会議後に人間関係の構築に十分時間を費やす
- 冷淡、もしくは無愛想に見えないよう注意する。電話での会話の冒頭、休憩時間、会議の前後などに、時間を作って友好的な会話をする
- 親睦を深めるための時間を作る（特に食事）
- 相手にとって、関係性の良さが仕事を円滑に進めるための重要な要素だと心得る

> 各項目における日本の位置がわかりましたか？

オリエンテーション → 1. 文化の違い → 2. 日本人の注意ポイント → Check

Unit 2 日本人が注意すべきポイント 30分

ここから30分の目標

次の8つの注意点を知り、対策を学びましょう。

コミュニケーションスタイル
1. "No." を言わず、"Yes." が曖昧
2. 発言が少ない
3. わかったフリをする
4. 沈黙が多い
5. アイコンタクトの欠如
6. 寝ているように見える
7. 日本語で会話する

組織的な特徴
　最終的な決断ができない

Unit 1では、各国・文化圏の特徴について大まかに見ましたが、ここからは「外国人が日本人との交渉で困惑する点」を確認し、その対策を学習します。英語表現も登場するので、声に出しながら取り組みましょう。

本番まであと7時間!!

1. "No." を言わず、"Yes." が曖昧

日本人は "No." とはっきり言うことを嫌がり、**曖昧な返事や間接的なヒントから "No." を伝えようとします**。しかし多くの外国人にとって、これらは混乱やいら立ちの種です。「答えが "No." ならはっきり言ってほしい。そうすれば時間を無駄にせずに済む」というのが本音です。

もう一つ、外国人を混乱させるのは "Yes." の使い方です。日本人は相手の話を聞く際、「あなたの話を聞いていますよ」という意味で、**うなずいたり、微笑んだり、"Yes." と言う**ことがあります。多くの外国人はそれらを「賛成の意」と受け取ります。

また、**"No." を伝えるとき、"Yes, but …" や "Yes, however …" と言う**傾向がありますが、これも誤解を生みます。最初の "Yes." が "Yes, I heard you."（はい、あなたの話を聞きました）の省略のつもりでも、外国人には「賛成」を意味するからです。

対策　"No." の意思は明確に伝える

人間関係が崩れる心配をする人が多いですが、否定的なことを直接言わないと、混乱や誤解が生じ、かえって相手との信頼関係にひびが入る可能性があります。同様に **"Yes." もはっきりと伝えます**。

"No."と"Yes."を伝えるフレーズ　日→ポーズ→英　● 02

日本語 → ポーズ → 英語 の順に音声が流れるので、最初は英文を見ながら、慣れたら目を離して、ポーズの部分で英語を言いましょう。

❶ 残念ですが、それはできません。
I'm sorry, but we can't do that.

❷ 賛成できません。
We disagree.

❸ それには賛成できます。
We can agree to that.

❹ そのようにしたいと思います
We would like to do that.

> 日本語を聞いたらすぐに英語にできるようになるまで繰り返し練習しましょう！

1. "No."を言わず、"Yes."が曖昧

日本人は "No." とはっきり言うことを嫌がり、**曖昧な返事や間接的なヒントから "No." を伝えようとします**。しかし多くの外国人にとって、これらは混乱やいら立ちの種です。「答えが "No." ならはっきり言ってほしい。そうすれば時間を無駄にせずに済む」というのが本音です。

もう一つ、外国人を混乱させるのは "Yes." の使い方です。日本人は相手の話を聞く際、「あなたの話を聞いていますよ」という意味で、**うなずいたり、微笑んだり、"Yes." と言う**ことがあります。多くの外国人はそれらを「賛成の意」と受け取ります。

また、**"No." を伝えるとき、"Yes, but ..." や "Yes, however ..." と言う**傾向がありますが、これも誤解を生みます。最初の "Yes." が "Yes, I heard you."（はい、あなたの話を聞きました）の省略のつもりでも、外国人には「賛成」を意味するからです。

対策　"No." の意思は明確に伝える

人間関係が崩れる心配をする人が多いですが、否定的なことを直接言わないと、混乱や誤解が生じ、かえって相手との信頼関係にひびが入る可能性があります。同様に **"Yes." もはっきりと伝えます**。

"No."と"Yes."を伝えるフレーズ　日→ポーズ→英　● 02

日本語 → ポーズ → 英語 の順に音声が流れるので、最初は英文を見ながら、慣れたら目を離して、ポーズの部分で英語を言いましょう。

❶ 残念ですが、それはできません。
I'm sorry, but we can't do that.

❷ 賛成できません。
We disagree.

❸ それには賛成できます。
We can agree to that.

❹ そのようにしたいと思います
We would like to do that.

> 日本語を聞いたらすぐに英語にできるようになるまで繰り返し練習しましょう！

本番まであと7時間!!

もし、まだ意見が決まっていない場合はそれをはっきり言いましょう。また、**賛成しない場合は "Yes." と言わない**ようにしましょう。相手の話をうなずきながら聞いた後は、誤解を避けるためにも自分の意見を明確に言葉で表したほうがいいでしょう。

誤解を避けるフレーズ　日 ➡ ポーズ ➡ 英　　🔴 03

日本語 → ポーズ → 英語 の順に音声が流れるので、最初は英文を見ながら、慣れたら目を離して、ポーズの部分で英語を言いましょう。

❶ まだ検討中です。
　We are still thinking about it.

❷ これの検討にはもっと時間がかかります。
　We need more time to consider this.

❸ ("Yes." の代わりに) 理解しています。
　I understand.

❹ ここまでの話にはついていっています。先を続けてください。
　I'm with you so far. Please keep going.

2. 発言が少ない

日本人は外国人と交渉するとき、会議の場でおとなしくなる傾向があります。一方、多くの外国人は、言葉のハンディが少なく自己表現力も豊かなため、発言の機会を独占しがちです。そのため日本人側の考えや言い分が十分に伝わらないことがよくあります。

オリエンテーション ➡ 1. 文化の違い ➡ 2. 日本人の注意ポイント ➡ Check　　025

また、**外国人は発言の量でその人間の「貢献度」を量ろうとする傾向がある**ので、たとえいいアイデアを持っていても、発言しない人間は「役立たず」という印象を持たれかねません。

対策　自分の意見・アイデア・提案をしっかり述べる

速いペースで流れている英語の会話の最中に意見を述べるのは容易なことではありませんが、思い切ってするしかありません。まずは、**会話を遮るのを恐れない**ことです。多くの外国の文化（例えばアメリカ）では、マナー違反どころか、そうしなければ発言ができません。発言するタイミングは自分で作らなければならないのです。

会話を遮るフレーズ　日→ポーズ→英　　04

❶ **すみません。**
Excuse me.

❷ **お話を遮ってもいいですか？**
Can I break in?

❸ **発言したいことがあります。**
I have something to say.

本番まであと7時間!!

3. わかったフリをする

日本人と仕事をしているアメリカ人からよく聞く不満に、「**日本人はわからないのにわかったフリをする**」があります。「わからない」と表明することを恥だと思い、質問もあまりしないのです。逆に外国人は、「自分がわからないのだから他の人もわからないだろう。聞いたほうが皆のためだ」と考える傾向にあり、積極的に質問します。当然ながら「わかったフリ」には何のメリットもありません。

対策 わからないことはその場で尋ね、改善を求める

質問の機会を逃さないよう、わからないことはその都度尋ねたり確認したりします。さらに、早口だったり、複雑な表現を使う相手には話し方の改善を求めます。

わからないときのフレーズ 日→ポーズ→英　◎ 05

❶ ちょっと待って！ 今おっしゃったことを繰り返していただけますか？ 聞き逃してしまったので。
Wait! Can you repeat what you just said?
I didn't get that.

❷ 今おっしゃったことが理解できないのですが。
I don't understand what you just said.

❸ スピードについていけません。少しペースを落としてもらえますか？
I'm having trouble keeping up.
Could we slow down a bit?

❹ それをもう一度、もっとシンプルに話していただけますか？
Could you please say that again more simply?

4. 沈黙が多い

日本人のコミュニケーションには、沈黙が多いのが特徴です。沈黙は相手の発言について考えたり、次の発言を用意するために使われます。一方、アメリカをはじめ多くの外国の文化では、**沈黙は否定的なものと見なされ**ています。そのため多くの外国人は、日本人の長い沈黙を居心地悪く感じ、不安を覚えがちです。

また、「**沈黙は発言に対する賛成を意味する**」と誤解される可能性もあります。「異議があるなら何か言うはず」と考える外国人が少なくないからです。

対策　長い沈黙はなるべく作らない

もし頭を整理するのに少し時間が必要なら、次のように説明しましょう。

沈黙の前に言うべきフレーズ　日 ➡ ポーズ ➡ 英　　●06

❶ **考えを整理するのに１分間いただけますか？**
Please give me a minute to organize my thoughts.

❷ **少しお待ちください。**
Just a moment, please.

本番まであと7時間!!

5. アイコンタクトの欠如

日本人は相手のネクタイの結び目の辺りや、ノート、自分の手などを見ながら話しがちですが、アイコンタクト(相手の目をしっかりと見ること)を重視する欧米では、視線を合わせない人は悪い評価を受けます。話をちゃんと聞いていない、あるいは何かを隠していると考えられるのです。

☞ **対策**　積極的にアイコンタクトする

自分が話す側であっても、聞く側であっても、相手の目をしっかりと見る努力をしましょう。そして、目を閉じることを極力避けましょう。

6. 寝ているように見える

日本人との会議を経験した外国人に、よく「なぜ日本人は会議中に眠るのか」と質問されます。欧米には会議中に目を閉じる習慣はありません。彼らにとってそれは「興味が無い」、「退屈」を意味する行為だからです。

一方、日本人は深く考えたり集中したいとき、目を閉じることがあります。そして残念ながら、本当に寝ている人もいます。日本の会議には「聞いているだけ」の余分な参加者が多く、彼らが居眠りすることに日本人はかなり寛容だからです。

☞ **対策**　目を閉じる習慣を説明

「本当に寝ている人」については大きな侮辱と受け取られる危険性が高いので、出席者にあらかじめ戒めましょう。

オリエンテーション → 1. 文化の違い → 2. 日本人の注意ポイント → Check

7. 日本語で会話する

外国人と日本人が出席している会議で、**日本人同士が日本語で会話する**光景がよく見られます。そういう場合、外国人は「何か自分たちに知られたくないことを話している」と考えがちです。非常に不愉快で無礼な行為と受け止められて、ビジネスが円滑に進まなくなる危険性もあります。

対策　日本語での会話をできるだけ避ける

相手の発言を理解できなかったら、**同僚の日本人ではなく直接当人に質問**します。日本人同士で相談する必要があれば、休憩を提案したほうがいいでしょう。

8. 最終的な決断ができない

外国の企業の場合、**交渉の場にいる代表者にかなりの権限が委ねられ**ています。そのため、日本側がその場で決断できないと、相手はイライラしたり、「会社内であまり影響力を持たない人物なのではないか」と不信感を抱いたりしかねません。また、交渉の場の決定が、後に社内会議でひっくり返されたりすると、相手との信頼関係が崩れてしまいます。

対策　裁量の範囲をクリアにする

交渉の場に出る前に、「自分の裁量で決めていいこと」と「上司などの承認が必要なこと」の領域を明確に定めておくことです。
もし、会社に持ち帰って検討する必要がある場合は、それを事前に相手に説明したほうがいいでしょう。交渉中も誤解が生じないように、いつ上司などに聞く必要があるかを明確にしておきましょう。

本番まであと7時間!!

決定権を説明するフレーズ　日→ポーズ→英　　● 07

❶ ここで話す内容はすべて、会社に持ち帰って承認を得る必要があります。
Anything that we discuss, I will need to bring back to my colleagues to get approval.

❷ 私個人には決定の権限がないことをご了解ください。
I want you to realize I don't have individual decision-making authority.

❸ この件は、日本側の人間に確認を取ってからお返事したいと思います。
I would like to run this by the office in Japan and then get back to you.

❹ これはいい提案だと思うので、会社の者と話してみます。
I think this looks like a good solution and I'll discuss it with my colleagues.

到達度チェックリスト

本番 7 時間前は、交渉前に知っておきたい基礎知識を学びました。
以下のリストで、Unit 1 は空所に適切な語を入れられるか、Unit 2 は日本語のフレーズを英語で言えるかを、チェックしてみましょう。

Unit 1　文化の違いを知る

- □ コミュニケーションスタイルが直接的な相手には、気になることがあれば（　　　　　）。
- □ 言葉への依存度が高い相手には、意識的に（　　　　　）。
- □ 時間を重視しない相手は（　　　　　）不慣れで、（　　　　　）だと理解する。
- □ トップダウン方式の相手には（　　　　　）を説明し、（　　　　　）を保つよう心がける。
- □ 人間関係を重視する相手とは、（　　　　　）に友好的な会話をする。

Unit 2　日本人が注意すべきポイント

- □「残念ですが、それはできません」
- □「それには賛成できます」
- □「これの検討にはもっと時間がかかります」
- □「お話を遮ってもいいですか?」
- □「今おっしゃったことが理解できないのですが」
- □「考えを整理するのに 1 分間いただけますか?」
- □「この件は、日本側の人間に確認を取ってからお返事したいと思います」

> お疲れ様でした!
> 思い出せなかったものはきちんと復習しましょう

本番まであと6時間!!

基礎知識を学んだら「いざ会議室へ」？ いいえ、交渉の成否は事前準備の充実度にかかっています。これからの1時間で、準備の仕方を学びましょう。

ここから1時間の学習

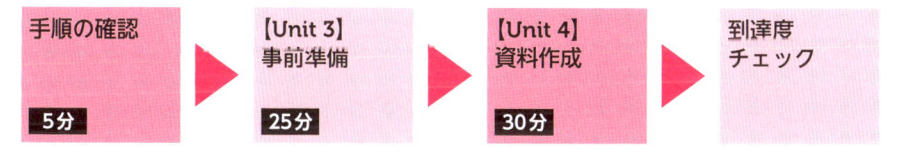

手順の確認	【Unit 3】事前準備	【Unit 4】資料作成	到達度チェック
5分	25分	30分	

【事前準備が交渉の成否を分ける！】　　5分

日本人には「慎重に準備をするタイプ」が多いですから、皆さんに事前準備の重要性を説くのは、釈迦に説法をするようなものかもしれません。しかし、**交渉の場面ではどんなビジネス場面にも増して事前準備が重要**ということはご存じでしょうか。

実際に相手との交渉が始まってしまうと、考える時間はあまりありません。準備してきたことに頼るしかないのです。剣豪が修行をして腕を磨き、いざ闘いとなったときは、無心に刀を振るって勝利するように、周到な準備⇒実行を目指すわけです。

準備の最初のステップは、交渉にまつわるさまざまな情報をすべて集めて、全体像を描きながら整理することです。把握すべき項目は次ページを参照しましょう。

👉 把握すべき項目

1. **全体的な背景**：なぜこの交渉をしているのか？
2. **前提条件**：すでに決まっていることは何か？
3. **交渉ポイント**：何を決めなければならないか？
4. **関連問題**：交渉ポイントに関する課題をすべて挙げる
5. **こちらが達成したいこと**：交渉することで得たいものは何か？
6. **相手が達成したいこと**：相手の立場になって想像してみる
7. **こちらの妥協点**：譲れる部分と譲れない部分はどこか？
8. **相手の妥協点**：相手の立場になって想像してみる

【両者のinterestsを考える】

交渉に入る前には、「自分と相手にとって何が重要か」を考える必要があります。これを**interests（真に大切にしていること）**と呼びます。**interestsは交渉時のpositions（要求していること）とは明白に異なります。** その違いを知るため、ある日本企業のアメリカ支社で実際に起きた事例を見てみましょう。

事例 日本企業のアメリカ支社が、オフィス家具を購入する

オフィス移転に伴い家具を一新することになったが、現地採用のアメリカ人がデスクを高いパーティションで囲みたがったのに対し、日本人駐在員はパーティションなしの設計を望んだ**【要求していること=positions】**。

両者のinterestsを話し合うと、アメリカ人は雑音を遮断してプライバシーを得たいと望み、日本人はチームワークを促進するため、仕事をしながら部下を見たいと考えていた**【大切にしていること=interests】**。

結果として少し低めで、上部がガラス張りのパーティションが置かれ、ある程度のプライバシーを保ちながらも、上司から部下が見える環境が作れた。

このように交渉を始める前の準備の段階で、interestsまで考えたほうが、よい結果がもたらされるのです。

本番まであと6時間!!

Unit 3 事前準備　　25分

ここから25分の目標

以下の5つのステップに従って表1を埋めていきます。

Step 1　**優先順位**　～すべてリストアップしてから並べる～
Step 2　**次善策**　～合意に至らない場合の代替案は～
Step 3　**合意条件**　～譲歩できる範囲を決める～
Step 4　**検証**　～こちらの提案を相手がどうとらえるか推測～
Step 5　**戦略**　～交渉手順を大まかにシミュレーション～

ここでは**事前に調べるべき事項**を、表を埋めながら整理していきます。使用するのは日本語。自分の考えを整理する段階では、母国語を使ったほうが効率的でしょう。

次ページのステップに従って37ページの表を埋めていきますが、書き方の見本として38～40ページに3つの事例を挙げました。自分の交渉内容に近いものがあれば、参考にしましょう。この事例はUnit 3～6を通じて取り上げていきます。

事例1　**ドイツの会社から部品を購入する** (p. 38)
事例2　**カナダの会社を買収する** (p. 39)
事例3　**インドの会社と代理店契約を結ぶ** (p. 40)

手順の確認　→　3. 事前準備　→　4. 資料作成　→　Check

それでは、以下のステップに従って、右ページの表を埋めてみましょう。

👣 Step 1　優先順位 〜すべてリストアップしてから並べる〜

この交渉で達成したいこと、解決したい問題、およびテーマをリストアップし、それが自分にとっての希望か、先方にとっての希望（を想像したもの）かもメモしましょう。考えられる項目をすべて書き出し、優先順に並べます。

👣 Step 2　次善策 〜合意に至らない場合の代替案は〜

交渉の際、代替案を用意することは非常に重要です。最初の目標が達成できない場合、**次善の選択は何なのか**を考えてここに書きましょう。

👣 Step 3　合意条件 〜譲歩できる範囲を決める〜

交渉に入る前に自分の考えを整理して、**どこまでなら譲歩できるか**をクリアにしておきましょう。そうすればとっさの判断が求められたときにも、柔軟に対応できます。

👣 Step 4　検証 〜こちらの提案を相手がどうとらえるか推測〜

交渉の準備をする際、**「想像」は非常に重要**です。自分の提案に対して相手がどう反応するかを推測し、考えられるシナリオをここに書きます。

👣 Step 5　戦略 〜交渉手順を大まかにシミュレーション〜

Step 1〜4を参考にして、成功する確率が高いアプローチを考えましょう。そして、**どのような手順で交渉を展開するかプランを立てて**、ここに書きます。

本番まであと6時間!!

表1　事前準備

Step 1 優先順位	達成すべきことの優先順	
Step 2 次善策	合意に至らない場合の代替案	
Step 3 合意条件	譲歩できる範囲	
Step 4 検証	提案に対する反応を推測	
Step 5 戦略	交渉の手順を大まかにシミュレーション	

＊この表はこちらのURLからダウンロードすることもできます⇒http://www.alc.co.jp/dl/

> ここで作成した表は事前準備の骨組みとなります
> しっかり考えて書きましょう！

あと7 基礎知識
あと6 事前準備（日本語）
あと5 事前準備1（英語）
あと4 事前準備2（英語）
あと3 情報収集・抵抗
あと2 戦略再編・駆け引き
あと1 合意・承認・フォロー
フレーズ集

手順の確認 ➡ 3. 事前準備 ➡ 4. 資料作成 ➡ Check

037

以下に3つの事例を示すので、37ページの表1に記入する際の参考にしましょう。

事例1 ドイツの会社から部品を購入する

こちらの立場：日本の大手電機メーカー
交渉相手：ドイツの部品メーカー、Auszug社
交渉案件：Auszug社製品Ding(部品)が、開発中の製品に必要。製造しているのは同社だけなので、購入したい。

Step 1 優先順位	当社が望んでいる①量、②品質、③価格、④納期でDingを購入する
Step 2 次善策	別のサプライヤー(製造業者)を探す ＊しかし、Dingは代用品に比べて明らかに優れているので、他社製品を買うのは好ましくない。交渉をぜひ成功させたい
Step 3 合意条件	1) 量：必要なだけ仕入れなければならないので、交渉の余地はあまりない 2) 品質：こちらの商品の質に直結するので妥協はしたくない 3) 価格：完成品のコストに占める割合が低いので、少し高くなっても可 4) 納期：厳守だが、余裕があるので問題はないと思われる
Step 4 検証	大量注文を継続的に行うことになるので、歓迎されると予想できる
Step 5 戦略	1) Auszug社の生産能力を確認し、必要量を確保する 2) 品質について確認する 3) 価格と納期を決める

本番まであと6時間!!

事例2 カナダの会社を買収する

こちらの立場：日本のモバイルゲームメーカー
交渉相手：カナダのゲーム開発スタジオ、Game Dragon 社
交渉案件：北米市場での基盤強化と、自社のグローバルプラットフォームに載せるゲーム開発のため、同社を買収する

Step 1 優先順位	Game Dragon 社の買収 ① こちらのグローバルプラットフォームに Game Dragon 社のゲームを載せる ② 創造的かつ娯楽性の高いゲーム開発を継続 ③ 経営安定のため、社長および主要スタッフは現状維持
Step 2 次善策	1) 買収が無理なら、何らかの提携を行う 2) 別のゲーム会社を買収、または提携を行う
Step 3 合意条件	1) 買収価格：かなり融通がきくが、法外な金額は払いたくない 2) 買収後の体制：かなり融通がきく 3) 買収後の製品：必ずこちらのグローバルプラットフォームに載せる
Step 4 検証	買収価格は魅力的だろうが、創業者は経営権を手放すことに抵抗を感じる可能性がある
Step 5 戦略	1) Game Dragon 社が買収や吸収合併を望んでいるか 2) 経営権を失うことをどう考えているか 3) 日本企業の一部として働くことが可能か 　⇒ No. の場合は提携の話に変える 　⇒ Yes. の場合は買収条件の交渉に入る

事例3 インドの会社と代理店契約を結ぶ

こちらの立場：日本の製薬会社
交渉相手：インドの販売代理店、Rasjani Medical Distributors (RMD) 社
交渉案件：インドで胃腸薬を販売したいが、同国は規制が複雑。販売代理店を使いたい。

Step 1 優先順位	① RMD社が代理店を引き受けること ② 合意可能な販売手数料を決定すること ③ RMD社が担当する販売促進活動の内容を確定すること ④ 当社が提供すべきサポートの内容を確定すること
Step 2 次善策	1) 代理店になる別の会社を探す 2) すぐに代理店を選択しないで、しばらく状況を観察する
Step 3 合意条件	1) 販売手数料が高額にならないようにしたい 2) RMD社の販売促進活動の内容についてはフレキシブルに対応可能 3) 人員不足のため、当社がインドで行うサポートは最低限にしたい。RMD社の社員の出張は歓迎するが、費用は先方の負担で。
Step 4 検証	・RMD社は比較的新しい会社で、営業に非常に積極的 ・扱う商品数を増やしたいと強く希望している ・胃腸薬はまだ扱っておらず、インドの胃腸薬市場は急成長する見込み ・当社の提案は非常に魅力的。厳し過ぎる要求をしない限り受け入れるはず

Step 5
戦略
	1) 重要なポイントに関し、双方の希望を明確にする。最も差がある可能性のある「販売手数料」は最後に回す。
	    a. RMD社が行う販売促進活動の内容
	    b. 当社が提供すべきサポートの内容
	    c. 販売手数料
	2) ギャップのある箇所を指摘する
	3) ギャップを埋めるための方法(妥協など)を一緒に探る
	4) 合意内容を確認する

本番まであと6時間!!

Unit 4 　資料作成　　　　30分

ここから30分の目標

5つのステップに従って、さらに詳しい表2を埋めます。

- Step 1 　結論の設定　〜最も理想的な交渉の結果は？〜
- Step 2 　制限と要求　〜交渉に影響を与える可能性のある項目は？〜
- Step 3 　交渉相手　〜人物像と文化的特徴は？〜
- Step 4 　問題と対策　〜起こり得る問題・障害とその対策は？〜
- Step 5 　アウトライン　〜大まかな交渉の流れは？〜

今度は、**実際の交渉の際に使える資料**を作成するため、前のUnitで記入した表の内容をさらに詳しく、具体的にしていきます。この作業もすべて日本語で行います。まずは各Stepの作業内容を見てみましょう。

👣 Step 1 　結論の設定　〜最も理想的な交渉の結果は？〜

交渉を通じて達成したいことをすべて列挙し、明確にします。このゴールを目指して、Step 2以降の要素を書いていきます。

> 今日学ぶ2つのUnitには英語は登場しません。口慣らしのため、Unit 2で学んだフレーズをもう一度復習しておきましょう。

（サイドタブ：あと7 基礎知識／あと6 事前準備（日本語）／あと5 事前準備1（英語）／あと4 事前準備2（英語）／あと3 情報収集 抵抗／あと2 戦略再編 駆け引き／あと1 合意・承認 フォロー／フレーズ集）

手順の確認 → 3. 事前準備 → 4. 資料作成 → Check　　041

Step 2 制限と要求 〜交渉に影響を与える可能性のある項目は？〜

ここでは、**交渉の進行・展開に影響を与える可能性のある重要な項目**をまとめます。

1. 予想される成果は？
   現実的に、どういう成果が予想できるかを書きます。現時点で難しいと思われる要素、懸念される項目なども挙げます。

2. 交渉のスタート地点は？
   交渉の最初の時点で提示する条件を、**具体的な数字を入れて**記します。交渉の中で修正される可能性はありますが、まずはスタート時点での要求を決めます。

3. 妥協点は？
   妥協できる範囲、上限・下限の数字などを**具体的に記します。**

4. 時間的な制約は？
   この交渉にどのくらい時間が取れるかは、交渉内容に大きく影響します。具体的な締め切りがある場合は記入しましょう。

5. 譲れない条件は？
   交渉前に、**必ず達成すべき課題**は何なのかを把握することが大切です。**絶対に譲れない条件**を書きましょう。

Step 3 交渉相手 〜人物像と文化的特徴は？〜

事前に**交渉相手に関する情報をできるだけ多く入手**し、それらを考慮に入れて戦略を練りましょう。過去に先方と接触した人から情報収集したり、公開されているインタビューや講演動画を参照したりすることもできます。

1. 会議の出席者は？
   名前と肩書を記入します。

2. 決定権のある人は？
   知っている範囲で記入します。

本番まであと6時間!!

3. 説得しやすい人は？
あまり知らない相手については書きにくいですが、わかる範囲で記入します。

4. 反対しそうな人は？
3と同様に、わかる範囲で記入しましょう。

5. 予想されるリアクションは？
相手に関する情報とこちらが出す条件を見比べて、相手の反応を予想しましょう。

6. 過去に交渉は？
相手との交渉の経験があれば、そこから考察できることを書きます。

7. 先方の文化的な特徴は？
Unit 1の「文化の違いを知る」を参考に、**交渉に影響を与えそうな文化的特徴**を記入します。地域・年齢・業界など、ほかにも考慮すべき要素があれば併記しましょう。

Step 4 問題と対策 ～起こり得る問題・障害とその対策は？～

Step 1～3で記入したデータを基に、**どんな問題や障害が生じる可能性があるかを予測し、その対策を考えます**。この作業で最も重要な部分です。

Step 5 アウトライン ～大まかな交渉の流れは？～

交渉をどのように進めるか、流れを大まかに書きましょう。

それではこのステップに従って、次ページの表を埋めてみましょう。Unit 2で紹介した3つの事例それぞれの資料を46～51ページに掲載しているので、**必要な部分を参照**して「自分の交渉のための資料」を作成しましょう。

表2 資料作成

Step 1 結論の設定	最も理想的な 交渉の結果は?	
Step 2 制限と要求	予想される 成果は?	
	交渉のスタート 地点は?	
	妥協点は?	
	時間的な 制約は?	
	譲れない 条件は?	
Step 3 交渉相手	会議の 出席者は?	
	決定権のある 人は?	
	説得しやすい 人は?	

本番まであと6時間!!

	反対しそうな人は?	
	予想されるリアクションは?	
	過去に交渉は?	
	先方の文化的な特徴は?	
Step 4 問題と対策	起こり得る問題・障害とその対策は?	
Step 5 アウトライン	大まかな交渉の流れは?	

*この表はこちらのURLからダウンロードすることもできます ⇒ http://www.alc.co.jp/dl/

あと7 基礎知識

あと6 事前準備(日本語)

あと5 事前準備1(英語)

あと4 事前準備2(英語)

あと3 情報収集抵抗

あと2 戦略再編駆け引き

あと1 合意・承認フォローフレーズ集

手順の確認 → 3. 事前準備 → 1. 資料作成 → Check

045

ここからは、3つの事例の作成資料を紹介します。

事例1　ドイツの会社から部品を購入する

Step 1 結論の設定	理想的な結果	当社が望む①量、②品質、③価格、④納期でDingを購入
Step 2 制限と要求	予想成果	要望に応えてもらうのには、かなりのディスカッションが必要。先方はこちらの要求内容に神経質になっているはず
	スタート地点	1) 量：毎月1万個を購入したい 2) 品質：不良品の割合は1000個中1個以下を希望 3) 価格：150円/個 4) 納期：最初の納品は2月1日希望
	妥協点	1) 量：毎月8000個でも可 2) 品質：不良品の割合は1000個中1.5個は超えたくない 3) 価格：300円/個まで可 4) 納期：最初の納品は2月15日まで延ばせる
	時間的制約	2月中に生産したいので、かなり急ぐ
	譲れない条件	1) 量：毎月8000個未満は不可 2) 納期：最初の納品が2月15日を過ぎるのは不可
Step 3 交渉相手	会議出席者	生産部長と彼のスタッフ2人、それに販売部長
	決定者	Auszug社の社長
	説得相手	販売部長は、当社との取り引きにかなり前向き

本番まであと6時間!!

	反対候補者	生産部長は保守的で、当社の要求に応じられるかを懸念している
	予想リアクション	量・品質・納期に関して、先方はかなり慎重になると思われる。価格に関しては予想しにくいが、量・品質・納期の条件に応じてもらうため、さらに高い価格を提供できる(150円から交渉を開始して、必要に応じて上げられる)
	交渉経験	過去に同社から別の部品を購入。先方の気質は把握している
	文化的な特徴	ドイツはプロセス重視の文化であるため、書類の完璧さと体系化が非常に重要 リスク回避の文化であるため、今回の交渉の中でそれを意識して、量やスケジュールに関する懸念に答えるように努力することも重要。また、こちらの立場を裏付けするデータを数多く用意することが望ましい。さらに、詳細について提供する準備も必要
Step 4 問題と対策	起こり得る問題・障害と対策	先方が量・品質・納期に関する当社の要求にどうしても応じられないと感じる **対策**：それらがなぜ重要なのかを再度説明し、当社が提供できる技術的な支援について話す
Step 5 アウトライン	大まかな交渉の流れ	1) 量と品質について話す 2) それをクリアしたら、価格と納期を決める 3) 量と品質に関して先方が難色を示したら、価格を上げて対応する

あと7 基礎知識
あと6 事前準備（日本語）
あと5 事前準備1（英語）
あと4 事前準備2（英語）
あと3 情報収集 抵抗
あと2 戦略再編 駆け引き
あと1 合意・承認 フォロー
フレーム集

手順の確認 → 3. 事前準備 → 4. 資料作成 → Check

047

事例2　カナダの会社を買収する

Step 1 結論の設定	理想的な結果	1) Game Dragon 社を妥当な値段で買収 2) 同社のゲームを当社のグローバルプラットフォームに載せる権利を得る 3) 同社の経営とゲーム開発を邪魔しない
Step 2 制限と要求	予想成果	創設者がどんな体制を受け入れるかは不明 当社には買収が望ましいが、先方が当社の組織の中でうまく機能できないなら、提携など別の形も考えられる Game Dragon 社のゲームを当社のグローバルプラットフォームに載せることが最優先課題
	スタート地点	買収の場合、最初に提示する値段は2億ドル
	妥協点	1) Game Dragon 社のゲームを当社のグローバルプラットフォームに載せたいので、買収であっても、提携であっても、何らかの形でそれを達成したい 2) その方法については柔軟に対応 3) 買収の場合、3億ドル以上にはしたくない
	時間的な制約	グローバルプラットフォームの始動が4月1日なので、それまでに契約してゲームを載せる準備をしたい
	譲れない条件	グローバルプラットフォームにGame Dragon 社のゲームを何としても載せたい
Step 3 交渉相手	会議出席者	Game Dragon 社の共同創設者、 Brandon Chen 氏とTom Harkness 氏
	決定者	Chen 氏とHarkness 氏の2人で決定
	説得相手	考え方は2人とも似ているようだ

本番まであと6時間!!

	反対候補者	同上
	予想リアクション	当社のプラットフォームにゲームを載せて、より多くのユーザーにリーチすることについては非常に肯定的。しかし、経営者としての自負心が強いため、より大きな組織に組み入れられることには抵抗を感じると予想できる
	交渉経験	ない
	文化的な特徴	カナダのコミュニケーションスタイルはかなりストレートだが、過度にはならないこと。同社は西海岸に位置し、ゲーム業界に属するため雰囲気は非常にカジュアル
Step 4 問題と対策	起こり得る問題・障害と対策	先方が大きな組織に入ることを懸念する。 **対策**：当社は買収する企業をこまごまと管理することはなく、十分な裁量権を与えたい旨を伝える。それでも買収が難しそうなら、提携に話を切り替える
Step 5 アウトライン	大まかな交渉の流れ	1) 何らかの形で協力関係を築きたいと伝える 2) 買収に関する先方の考えを探る。懸念事項を把握し、それに回答する 3) 買収が困難⇒提携に話を切り替える 　買収が可能⇒値段などの条件の話に入る

事例3　インドの会社と代理店契約を結ぶ

Step 1 結論の設定	理想的な結果	1) RMD社が妥当な販売手数料で代理店になることに合意 2) RMD社が積極的な販売促進活動を約束 3) 当社が提供するサポートを定義(最低限に抑える)
Step 2 制限と要求	予想成果	RMD社は積極的なので、理想に近い結果を期待できる 意見が大きく分かれる可能性があるのは、サポートのレベル
	スタート地点	1) 販売手数料を売上高の6パーセントに設定(調査によれば、インドの医薬品業界では一般的なレート) 2) RMD社の販促活動：3人のマーケティング専任担当者を置く。同社の営業担当者は勤務時間の10パーセントを当社商品の営業に当て、月間ノルマを達成した場合は、1万円相当の特別ボーナスを得る 3) 当社のサポート：営業担当者のトレーニングのため、当社専門スタッフが事前にインドを訪れ(経費は当社負担)、5日間の研修を行う。英語の商品説明書を当社が制作
	妥協点	1) 販売手数料は8パーセントまで上げられる 2) RMD社の販促活動：専任担当者数は減らしたくないが、ボーナスについては検討可能 3) 当社のサポート：さらに充実したサポートが求められた場合 　a. RMD社負担で同社の社員が来日し、トレーニングを受ける 　　⇒何人でも受け入れ可能 　b. オンラインでの追加トレーニング、電話サポート 　　⇒受け入れ可能
	時間的制約	特になし
	譲れない条件	1) RMD社がマーケティング専任担当者を最低1人置く 2) 営業担当の勤務時間の10パーセントを当社商品の営業に当てる

本番まであと6時間!!

Step 3 交渉相手	会議出席者	RMD社の営業部長Dinesh Singh氏とその部下のマーケティング担当Abijit Shankar氏
	決定者	Dinesh Singh氏。上司に相談する必要もあるはず
	説得相手	以前の会話では、Singh氏は非常に積極的だった
	反対候補者	Shankar氏はSingh氏ほど積極的でなく、保守的な性格のよう
	予想リアクション	当社のサポートをもっと強化するよう要求してくる可能性が高い。それ以外は協力的な姿勢が予想できる
	交渉経験	ない
	文化的な特徴	1) 人間関係を大切にするため、お互いを知るのに長時間を費やす 2) 意思決定はトップダウン。営業部長のSingh氏が決めるはず 3) コミュニケーションは間接的。そのため、ストレートに発言し過ぎないよう注意し、相手の示唆する内容をキャッチするよう努める
Step 4 問題と対策	起こり得る問題・障害と対策	1) 販売手数料に関する非現実的な要求 　対策：相場に関する調査資料を示す。当社の予算的な制約を伝える 2) 販促活動の詳細を確約しない 　対策：それが重要である理由を説明する 3) 当社サポートへの過大な要求 　対策：人員・予算的な制約を説明し、オンライン・トレーニングなどの代替案を示す
Step 5 アウトライン	大まかな交渉の流れ	1) すぐに交渉に入らず、社交的な時間を設ける 2) 販売手数料を決める 3) 販促活動の詳細を決める 4) 当社が提供するサポートの詳細を決める 5) その他の関連事項を決める

到達度チェックリスト

本番6時間前は、日本語で交渉の事前準備を行いました。
以下のリストで、空所に適切な語を入れられるかチェックしてみましょう。

Unit 3　事前準備

- □ 優先順位：この交渉で(　　　　)、(　　　　　)、およびテーマを優先順に並べる。
- □ 次善策：(　　　　　　)、次に最適な選択は何なのか書く。
- □ 合意条件：自分の考えを整理して、(　　　　　)をクリアにする。
- □ 検証：自分の提案に対して、(　　　　　)を推測し、考えられるシナリオを書く。
- □ 戦略：交渉を(　　　　)プランを立てて書く。

Unit 4　資料作成

- □ 結論の設定：(　　　　　　)を列挙し、明確にする。
- □ 制限と要求：予想される成果、(　　　)、妥協点、(　　　)、譲れない条件を列記。
- □ 交渉相手：出席者のうち、(　　)、(　　　)、(　　　)が誰かを把握する。
- □ 問題と対策：どんな問題や(　　　)があるか予測し、(　　　)を考える。
- □ アウトライン：交渉を(　　　　　)、大まかに書く。

> これで今回の学習は終了です
> 事前準備の手順は理解できましたか？

本番まであと5時間!!

いよいよ交渉のための「英語」に取り組もう。まずはUnit 4までに用意した資料を、2時間かけて英語にするところから始める。基礎表現を頭に入れたら、「相手にどう伝えるか」の戦略も練ろう。

ここから1時間の学習

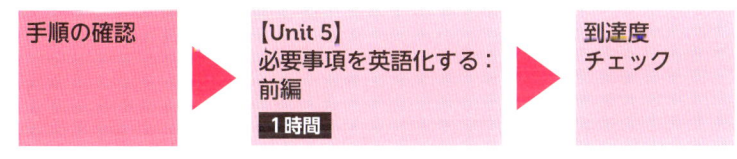

手順の確認 ▶ 【Unit 5】必要事項を英語化する：前編（1時間）▶ 到達度チェック

【交渉内容に関する表現を頭に入れる】

交渉で一般的に使用する表現を覚える前に、**自分の交渉内容と直接関係がある表現を知り、言えるように**なりましょう。もちろん、相手が関連する内容を言ってきたときに、すぐに理解できるようにしておく必要もあります。

Unit 4で作成した表を英訳することで、交渉に関連する名詞や動詞、形容詞をリストアップでき、また、自分が交渉の場で言わなければならないことも整理できます。ただし、**準備したからにはすべて使うべきだ、というような考えは持たないほうがいい**です。あくまで準備の一つのステップとして取り組みましょう。

Unit 5 必要事項を英語化する：前編　60分

ここから60分の目標
> 表2のStep 1と2を英訳し、それを相手に伝えるための表現を学びましょう。

Unit 4で作成した表の内容を英訳するために知っておきたい表現・単語を学習し、さらにそれを交渉相手に伝える際、**どのように言い換えればいいか**を学んでいきます。

表2に記入したのは「ストレートな本音」ですが、それをそのまま相手に伝えるわけにはいきません。ここからの学習は、**「本音」と「交渉相手に伝えるフレーズ」の二本立て**を基本とします。

英訳記入用の表はStepごとに分割して取り上げていきますが、1枚にまとまったもの（表3）は以下のサイトでダウンロードできるので、必要に応じて使用しましょう。
⇒ http://www.alc.co.jp/dl/

Step 1　結論の設定　〜最も理想的な交渉の結果は？〜

交渉の中で最も重要な部分、「結論」を英訳することで、頭の中をクリアにしましょう。もちろん、**本当の狙いは交渉相手に言わないほうがいいこと**もありますが、どういった英語で表現すればいいのかは知っておいたほうがいいです。

本番まであと5時間!!

結論を設定するフレーズ 日→ポーズ→英 ● 08

❶ (わが社が望む価格と納期でDingの買い付け)**ができれば、最も理想的な結果となります。**
The best possible result for us would be if we could purchase the Ding at the price and timing that we desire.

❷ **わが社にとって最良の結果は、**(Game Dragon社を高過ぎない価格で買う)**ことです。**
The best outcome for us would be to purchase Game Dragon at a price that is not too high.

交渉の冒頭では「理想的結果」のすべてではなく、一般的な趣旨を伝えるようにします。その際は、以下のような表現が使えます。

交渉を切り出すフレーズ 日→ポーズ→英 ● 09

❶ **今日のお話では、**(御社との販売代理店契約の同意を達成し、細部を決着させ)**たいと思っています。**
In our conversation today, we hope to reach a distributorship agreement with you and hammer out the details.

❷ (弊社のグローバルプラットフォームに御社のゲームを加えること)**を強く望んでいます。**
We're very interested in including your games in our global platform.

それでは、Unit 4で作成した表2の内容を英語に変えて、以下に書いてみましょう。その際、前ページの「交渉を切り出すフレーズ」を参考に、交渉の場で相手に言うフレーズも併せて考えましょう。

		【表2の英訳】	【相手に言うフレーズ】
Step 1 結論の設定	最も理想的な交渉の結果は？		

以下の事例から使える表現をどんどん拾いましょう。

Step 1 「最も理想的な結果」の英訳例　　DL↓ 01-06

事例	表2の英訳	相手に言うフレーズ
部品購入	**The best possible result for us would be if we could** purchase the Ding at the quantities, quality level, price and timing that we desire. （わが社が望む量・品質レベル・価格と納期でDingの買い付けができれば、最も理想的な結果となる）	**We are interested in** purchasing the Ding from you. **Today we would like to try to work out with you** the conditions for such a purchase. （御社からDingを購入することを望んでいます。本日はその購入条件をご一緒に決めたいと思います）

本番まであと5時間!!

買収 🇨🇦	The best outcome for us would be to purchase Game Dragon at a price that is not too high. We want to get the rights to include their games in our global platform. But we don't want to interfere with their management or their innovation. (わが社にとって最良の結果は、Game Dragon 社を高過ぎない価格で買うこと。 同社のゲームをわが社のグローバルプラットフォームに加える権利を得たい。 しかし、先方の経営や開発を妨げたくはない)	We're very interested in including your games in our global platform. We think that purchasing your company would be the best way to achieve that. Today we would like to discuss that with you. (弊社のグローバルプラットフォームに御社のゲームを加えることを強く望んでいます。 御社を買収することがそれを達成する最上の方法と考えています。 今日はそれをお話ししたいと思います)
代理店契約 🇮🇳	The optimal outcome of this negotiation from our standpoint would be: 1. To have reached an agreement with RMD to have them be our distributor. 2. To have RMD commit to actively promoting our products. 3. To have defined the support that our firm needs to provide (keeping it as low as possible.) (この交渉の最良の結果は、わが社側から見れば 1. RMD社が代理店になることに合意する 2. RMD社がわが社の商品の積極的な販売促進活動に関与する 3. わが社が提供する必要のあるサポートを定義する〈最低限に抑える〉)	In our conversation today, we hope to reach a distributorship agreement with you and hammer out the details. (今日のお話では、御社との販売代理店契約の同意を達成し、細部を決着させたいと思っています)

あと7 基礎知識
あと6 事前準備（日本語）
あと5 事前準備1（英語）
あと4 事前準備2（英語）
あと3 情報収集 抵抗
あと2 戦略再編 駆け引き
あと1 合意・承認 フォロー
フレーズ集

手順の確認 → 5. 必要事項を英語化・前編 → Check

057

Step 2 制限と要求

このStepは項目が多いのでテンポよく進めましょう。

1 予想される成果は？

この項目は相手に話すためでなく、頭の中を整理するために英訳します。

予想される成果を説明するフレーズ　日→ポーズ→英　● 10

❶ (そこに至るにはかなりのディスカッションが必要)**だと予想されます。**
We anticipate that a lot of discussion will be needed in order to get there.

❷ (創業者がどんな取引に応じるか)**予測するのは難しいです。**
It's difficult to predict what kind of deal the founders will accept.

❸ (彼らがこちらの要望に賛成する)**可能性は高いと思います。**
We think it's likely that they will agree to what we are asking for.

Step 2 制限と要求	予想される成果は？	【表2の英訳】	【相手に言うフレーズ】記入は不要

Step 2-1　「予想される成果」の英訳例

DL 07-09

本番まであと5時間!!

事例	表2の英訳	相手に言うフレーズ
部品購入	**We think it's likely that** they will agree to what we are asking for, but **we anticipate that** a lot of discussion will be needed in order to get there. They are rather nervous about whether they can meet our expectations. （彼らがこちらの要望に賛成する可能性は高いと思われるが、そこに至るにはかなりのディスカッションが必要だと予想される。 こちらの期待に応えられるかどうか、かなり神経質になっている）	
買収	**It's difficult to predict** what kind of deal the founders will accept. **From our standpoint,** a purchase **would be desirable**, but if they are not going to be able to function well within our company structure, **we can consider another format, such as** a cooperative agreement. **What's important is** to put Game Dragon's games on our global platform. （創業者がどんな取引に応じるか予測するのは難しい。 こちらの立場からすれば買収が望ましいが、先方がわが社の組織の中でうまく機能できないようなら、業務提携などの別の形も検討できる。 大切なのはGame Dragon社のゲームをわが社のグローバルプラットフォームに載せること）	
代理店契約	**We are expecting a result that** is not so different from the optimal outcome because RMD is excited about working with us. **One area where our opinions may diverge is** the level of support our company should offer. （RMD社はわが社の事業に前向きなので、最良とそう差異のない結果を期待できる。 意見が分かれると予想される項目は、わが社が提供すべきサポートのレベル）	

あと7　基礎知識
あと6　事前準備（日本語）
あと5　事前準備1（英語）
あと4　事前準備2（英語）
あと3　情報収集
あと2　戦略再編
あと1　合意・承認　フォロー　フレーズ集
抵抗　駆け引き

手順の確認 → 5. 必要事項を英語化・前編 → Check

059

2 交渉のスタート地点は？

交渉で最初に示す条件・具体的な数字などを、英語で正確に伝えられるように準備しましょう。表2の英訳で We want ... を使った場合は、相手に伝える際に We would like ... に言い換える必要があります。

🗣 スタート地点を示すフレーズ　日➡ポーズ➡英　　⊙ 11

❶ **弊社は**(売上高の6パーセントに当たる販売手数料)**を提案します。**
We suggest a distributor fee of 6 percent of total sales.

❷ (納期)**に関しては、**(2月1日に納品を始めていただき)**たいと思っています。**
As for timing, **we would like to** start receiving shipments on February 1.

❸ (買収金額として)**弊社が提示できるのは**(2億ドル)**です。**
We can offer you $200 million as the purchase price.

本番まであと5時間!!

	【表2の英訳】	【相手に言うフレーズ】
Step 2 制限と要求	交渉のスタート地点は？	

Step 2-2 「交渉のスタート地点」の英訳例

DL 10-15

事例	表2の英訳	相手に言うフレーズ
部品購入	• We want to buy a quantity of 10,000 parts per month. • We want a quality level of less than one defect per 1,000 parts. • We want to pay 150 yen for each part. • As for timing, we want to start receiving shipments on February 1. （・毎月1万個の部品を購入したい 　・品質のレベルは不良品が1000個中1個未満を希望 　・部品1個に150円払いたい 　・納期に関しては、2月1日に納品を始めてほしい）	We wantの部分をWe would likeに置き換える
買収	In the case of a purchase, we would offer $200 million. （買収する場合、2億ドルを提示する）	We can offer you $200 million as the purchase price. （買収金額として弊社が提示できるのは2億ドルです）

代理店契約	Our starting stance in the negotiation: - The distributor fee **should** be 6 percent of total sales. (Based on our industrial research on what is typical in India.) - RMD **should** appoint three people to be exclusively devoted to the marketing of our products and set aside 10 percent of the salespeople's time to promoting our products. **We also request that** a bonus be paid to salespeople who exceed their quotas for our products. - **Concerning** support from our side, **we can offer** to have one of our specialist staff visit India to conduct a five-day training seminar, with our company paying for all expenses. **We can also** prepare English product description sheets. （交渉開始時のわが社のスタンスは以下のとおり： ・販売手数料は売上高の6パーセントとすべき（インドでの業界リサーチに基づく相場） ・RMD社が当社製品専任のマーケティング担当者を3人指名し、営業の担当者は勤務時間の10パーセントを当社製品の販促に充てるべき。当社製品のノルマを達成した営業担当者にはボーナスを支払うよう求める ・当社のサポートに関しては、経費はすべて当社持ちで専門スタッフ1名をインドに出張させ、5日間の研修会を行うことが可能。英語の製品説明書も当社が制作できる）	- **We suggest** a distributor fee of 6 percent of total sales. Our research shows that is typical in India in this industry. - **We suggest** that you appoint three people to be exclusively devoted to the marketing of our products, and set aside 10 percent of the salespeople's time to promoting our products. We **also would like** there to be a bonus paid to salespeople who exceed their quotas for our products. （・弊社は売上高の6パーセントに当たる販売手数料を提案します。弊社の調査では、それがインドでのこの業界の相場です ・弊社は御社が当社製品専任のマーケティング担当者を3人指名し、営業の担当者は勤務時間の10パーセントを当社製品に充てることを提案します。当社製品のノルマを達成した営業担当者には、ボーナスが支払われることを望みます） ※3つ目のポイントはそのまま伝えてOK

3 妥協点は？

妥協点に関しては、英訳の時点で必要な表現・語彙を整理して頭に入れておくと、交渉の場で素早い対応が可能となります。

次に、妥協点をどうやって相手に示すか決めます。最初からギリギリの数値等を伝えずに、**どの項目について妥協の余地があるかを示して相手の反応を見ましょう。大切なのは、相手の反応を引き出すような表現**を使うことです。

🗣 妥協点を示すフレーズ 　日→ポーズ→英　　💿 12

❶ （必要な数量を減らす）**なら状況は変わりますか？**
Would it make a difference if we lower the quantity that we require?

❷ （納期）**についてもっと融通がきく場合はどうですか？**
What if we were more flexible on the timing?

❸ （弊社による買収）**が御社にとってうまく機能しないように感じるのであれば、**（業務提携）**などほかの選択肢も考えられます。**
If being acquired by us **doesn't feel like it's going to work for you, we can look at other options, such as** a cooperative agreement.

❹ **もし**（販売手数料を8パーセントまで上げ）**られたら、それは御社のお役に立ちますか？**
If we were able to raise the distributor fee to 8 percent, **would that work for you?**

		【表2の英訳】	【相手に言うフレーズ】
Step 2 制限と要求	妥協点は？		

Step 2-3 「妥協点」の英訳

📥 16-21

事例	表2の英訳	相手に言うフレーズ
部品購入	• The lowest quantity that we can accept is 8,000 parts per month. • On quality, we don't want to go over 1.5 defects per 1,000 parts. • We can go up to 300 yen per part on the price. • The latest starting date that we can accept is February 15. （・対応可能な納品の最少量は毎月8000個 ・品質に関しては、不良品の割合は1000個中1.5個を超えたくない ・価格は部品1個当たり300円まで上げられる ・納期は最も遅くて2月15日まで応じられる）	• **Would it make a difference if** we lower the quantity that we require? • **What if we are willing to accept** a higher level of defects? • **Would it change things if** we are willing to pay a higher price? • **What if we were more flexible on** the timing? （・必要な数量を減らせば状況は変わりますか？ ・不良品割合が高くなることに応じたらいかがですか？ ・弊社により高い金額をお支払いするつもりがあれば、事態は変わりますか？ ・納期についてもっと融通がきく場合はどうですか？）

本番まであと5時間!!

| 買収 🇨🇦 | • We really want to get Game Dragon's games onto our global platform. Whether it's through an acquisition or a cooperative agreement, we want to make that happen.
• We're flexible about the method and format, but we absolutely want to achieve that goal.
• In the case of an acquisition, we are somewhat flexible on the price, but we don't want to go over $300 million.
(・何としてもGame Dragon社のゲームを当社のグローバルプラットフォームに載せたい。買収であっても、提携であっても、それを達成したい
・方法や形式には柔軟に対応するが、とにかくそのゴールに行き着きたい
・買収の場合、金額は多少融通がきくが、3億ドル以上にはしたくない) | • If being acquired by us doesn't feel like it's going to work for you, we can look at other options, such as a cooperative agreement.
• We would really like to find a way to include your games on our global platform, and we are flexible about how to achieve that.
• Let's figure out what would work for both of us.
(・弊社による買収が御社にとってうまく機能しないように感じるのであれば、業務提携などほかの選択肢も考えられます
・御社のゲームを弊社のグローバルプラットフォームに加える方法をぜひとも見つけたいので、それを達成する方法については柔軟に対応します
・お互いに有用な方法を見つけましょう) |

> 英訳は表2の直訳にこだわらず、なるべくシンプルに表現しましょう
> 巻末のフレーズ集も参考にしてみてください

あと7 基礎知識
あと6 事前準備（日本語）
あと5 事前準備1（英語）
あと4 事前準備2（英語）
あと3 抵抗 情報収集
あと2 戦略再編 駆け引き
あと1 合意・承認 フォロー
フレーズ集

手順の確認 → 5 必要事項＆英語化：前編 → Check

065

代理店契約

- As for the distributor fee, we can go up to 8 percent if necessary.
- As for RMD's sales promotion, **we aren't particularly flexible about** the number of people to be allocated, **but we do have room to compromise on** the bonus idea.
- If they require more support from us, the following items are possible:
    1. RMD may send people to Japan to be trained by us, at their own expense. We are happy to take as many people as they would like to send.
    2. We can do additional training online using Skype or the like, or by consulting with them by phone. We're happy to do this as often as they would like.

(・販売手数料は、必要なら8パーセントまで上げられる
・RMD社の販促活動は、担当者数は保ちたいが、ボーナス案については妥協の余地あり
・さらなるサポート要求には、以下が可能
    1. RMD社負担で同社の社員が来日し、研修を受ける。先方の希望人数を何人でも受け入れ可能
    2. スカイプ等を使って追加でオンライン研修を行うか、電話でコンサルティングを行う。先方が希望する頻度で可能)

- **If we were able to** raise the distributor fee to 8 percent, **would that work for you?**
- **Unfortunately we aren't able to be flexible about** the number of people allocated. **However, we do have room to compromise on** the bonus idea.
- **Would it meet your needs if** we let you send people to Japan for training there, or provided additional training online or consultation by phone?

(・もし販売手数料を8パーセントまで上げられたら、それは御社のお役に立ちますか？
・残念ながら割り当て人数については融通がききませんが、ボーナス案については妥協の余地があります
・研修のため御社の社員に日本に来ていただく、もしくはオンラインでの追加研修か電話でのコンサルティングを用意することは、御社のニーズにかないますか？)

本番まであと5時間!!

4 時間的な制約は？

これに関して発言する必要は多分ありませんが、念のため自分の時間的な制約を英語で言えるようにしておきましょう。

		【表2の英訳】	【相手に言うフレーズ】
Step 2 制限と要求	時間的な制約は？		記入は不要

Step 2-4 「時間的な制約」の英訳例　　DL↓ 22-24

事例	表2の英訳	相手に言うフレーズ
部品購入	Since we want to start production in February, we are pretty much in a hurry. （2月に生産を開始したいので、かなり急ぐ）	
買収	Since the global platform will be opened on April 1, we are aiming to finish our agreement and be prepared to put the games on the platform by that date. （グローバルプラットフォームの始動は4月1日なので、合意を達成し、ゲームを載せる準備をその日までにしたい）	
代理店契約	We are not in a big hurry. （特に急いでいない）	

5 譲れない条件は？

妥協点と同じくらい大切なのが、譲れない条件を相手に伝えることです。英訳の際は We absolutely can't go below/above ...（〜以下／以上には決してできない）、No matter what, we want to ...（どうしても〜したい）などの強い表現を使いますが、相手に伝えるときには以下のような表現に変えるといいでしょう。

譲れない条件を示すフレーズ　日→ポーズ→英　◎ 13

❶ **弊社が受け入れ可能な最少量は**（ひと月あたり8000個です）。（2月15日）**までに最初の納品をしていただかなければなりません。**

The minimum quantity we can accept is 8,000 parts per month. **We must receive the first shipment by** February 15.

❷ （弊社のプラットフォームにGame Dragon社のゲームを載せ）**られるようにすることが肝心です。**

The essential thing for us is to be able to put Game Dragon's games on our platform.

❸ （RMD社が最低1人のマーケティング担当者を任命する）**ことが重要だと考えています。**

We feel it's important to have RMD establish at least one designated marketing person.

本番まであと5時間!!

Step 2 制限と要求	譲れない条件は？	【表2の英訳】	【相手に言うフレーズ】

Step 2-5　「譲れない条件」の英訳例

DL 25-30

事例	表2の英訳	相手に言うフレーズ
部品購入	We absolutely can't go below 8,000 parts per month. We must receive the first shipment by February 15. (当社の最少量はひと月あたり8000個。2月15日までに最初の納品を受け取らねばならない)	We absolutely can't go below の部分を The minimum quantity we can accept is に置き換える
買収	No matter what, we want to put Game Dragon's games on our platform (どうしても当社のプラットフォームにGame Dragon社のゲームを載せたい)	No matter what, we want to の部分を The essential thing for us is to be able to に置き換える
代理店契約	We want to have RMD establish at least one designated marketing person and have the salespeople spend at least 10 percent of their time on our products. (RMD社がマーケティング専任担当者を最低1人任命し、営業担当者の勤務時間の最低10パーセントを当社製品に充てるようにさせたい)	We want to have を We feel it's important to have あるいは It's essential for us to have に置き換える

あと7　基礎知識
あと6　事前準備（日本語）
あと5　事前準備1（英語）
あと4　事前準備2（英語）
あと3　情報収集
あと2　戦略再編
あと1　駆け引き
合意・承認
フォロー
フレーズ集

手順の確認　→　5. 必要事項を英語化・前編　→　Check

069

到達度チェックリスト

本番5回前は、交渉前の準備の前半を英語で行いました。
以下のリストで、日本語のフレーズを英語で言えるかチェックしてみましょう。

Unit 5　必要事項を英語化する：前編

- □「わが社が望む価格と納期でDingの買い付けができれば、最も理想的な結果となります」
- □「弊社のグローバルプラットフォームに御社のゲームを加えることを強く望んでいます」
- □「そこに至るにはかなりのディスカッションが必要だと予想されます」
- □「納期に関しては、2月1日に納品を始めていただきたいと思っています」
- □「納期についてもっと融通がきく場合はどうですか？」
- □「弊社による買収が御社にとってうまく機能しないように感じるのであれば、業務提携などほかの選択肢も考えられます」
- □「もし販売手数料を8パーセントまで上げられたら、それは御社のお役に立ちますか？」
- □「RMD社が最低1人のマーケティング担当者を任命することが重要だと考えています」

> ハードな1時間でしたね
> これで今回の学習は終了です
> 後半も頑張りましょう！

本番まであと4時間!!

資料の英訳の後半に取り組もう。事前準備の周到さが、交渉の際の最大の武器となるはず。基礎表現と「相手への伝え方」の両方に気を配ろう。

ここから1時間の学習

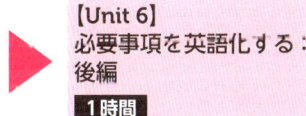

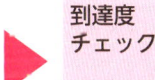

手順の確認 ▶ 【Unit 6】必要事項を英語化する：後編 **1時間** ▶ 到達度チェック

【交渉相手を知り、交渉の全体像を描く】

資料の前半部分では、主にこちらが交渉で達成したいこと、譲歩の条件などを取り上げてきました。もちろんこれらは重要な事項ですが、交渉相手が生身の人間であることを忘れてはいけません。

後半部分では**相手の立場や意見、文化的背景**などまで考慮して、「こちらの提案にどんな反応をするか」「何が問題点となるか」、「それをどういう言い方でクリアするか」を考えてみましょう。

Unit 6 必要事項を英語化する：後編　60分

ここから60分の目標

Step 3〜5を英訳し、相手に伝えるための表現を学びます。

Step 3　交渉相手　〜人物像と文化的特徴は？〜

ここで英訳する情報は、**基本的に相手に伝える必要がない**ので、英訳にあまり時間をかけないようにしましょう。ただし、交渉相手の情報を基にした以下のようなフレーズは、交渉を有利に運ぶので練習しておくといいでしょう。

交渉相手の情報に基づくフレーズ　日→ポーズ→英　◎14

❶ 弊社が（価格を上げ）れば、（納期）の要望に応じていただけそうですか？
Would it help to persuade you to accept our timing **requirements if we were to** raise the price**?**

❷ この書類に弊社の主張を裏付ける情報が書かれています。
In this document, there is some information that supports the point we just made.

❸ 夕食をセッティングしましょうか？
Shall we set up a time to have dinner together?

本番まであと4時間!!

		【表2の英訳】	【相手に言うフレーズ】
Step 3 交渉相手	会議の出席者は?		
	決定権のある人は?		
	説得しやすい人は?		
	反対しそうな人は?		
	予想されるリアクションは?		
	過去に交渉経験は?		
	先方の文化的な特徴は?		

あと7 基礎知識
あと6 事前準備(日本語)
あと5 事前準備1(英語)
あと4 事前準備2(英語)
あと3 情報収集 抵抗
あと2 戦略再編 駆け引き
あと1 合意・承認 フォロー フレーズ集

手順の確認 → 6. 必要事項を英語化:後編 → Check　073

Step 3 「交渉相手」の英訳例

DL↓ 31-40

事例		表2の英訳	相手に言うフレーズ
部品購入	会議出席者	the department head of production and two of his staff, and the department head of purchasing (生産部長と部下2人、販売部長)	
	決定者	their president (先方の社長)	
	説得相手	Their department head of purchasing is very enthusiastic about getting us as a customer. (販売部長は当社を顧客とすることにかなり前向き)	
	反対候補者	The head of production is pretty conservative and seems to be worried about their ability to meet our requirements. (生産部長は保守的で、当社の要求に応じられるか懸念している模様)	
	予想リアクション	It's conceivable that they will be quite nervous about quantity, quality and timing. In regards to the price, it's difficult to predict, but we can use a higher price in order to persuade them to accept our requirements for quantity, quality and timing. (We'll start negotiating at 150 yen, but we can go up if needed.) (先方は量・品質・納期に関しかなり慎重になるはず。価格に関しては予想しにくいが、量・品質・納期の要求に応じてもらうため、さらに高い価格を提示できる〈150円から交渉を開始し、必要に応じて上げられる〉)	**Would it help to persuade you to accept our requirements for** quantity, quality and timing **if we were to raise the price?** (弊社が価格を上げれば、量・品質・納期の要望に応じていただけそうですか?)

交渉経験	We bought a different part from them in the past, so we have a good idea what they are like. (過去に同社から別の部品を購入しているので、先方の気質は把握している)	We have had a very good experience with our purchases from your firm in the past. **We look forward to continuing our good relationship.** (以前の御社からの購入は非常にいい経験となりました。良好な関係が続くと期待しております)	
文化的特徴	Because Germany is a process-oriented culture, completeness and organization of documents is very important. Also, because they are a risk-averse culture, we will keep aware of that during this negotiation, and it will be important to reply carefully in regards to the quantity and scheduling. Also, it will be good for us to prepare a lot of data to support our positions. And we need to be prepared to offer details. (ドイツはプロセス重視の文化であるため、書類の完璧さと体系化が非常に重要。 またリスク回避の文化であるため、今回の交渉の中でそれを意識して、量やスケジュールに関しては注意深く答えることも重要となるだろう。 また、こちらの立場を裏付けるデータを数多く用意することが望ましい。 さらに、詳細について提供する準備も必要だ)	**In this document, there is some information that supports the point we just made.** (この書類に弊社の主張を裏付ける情報が書かれています)	

本番まであと**4時間!!**

DL 41-48

🇨🇦 買収	会議出席者	Game Dragon's co-founders, Brandon Chen and Tom Harkness. (Game Dragon社の共同創設者、Brandon Chen 氏とTom Harkness氏)	
	決定者	Brandon Chen and Tom Harkness will decide together. (Brandon Chen氏とTom Harkness氏の2人で決定)	
	説得相手	They have similar ways of thinking. (考え方は2人とも似ている)	
	反対候補者	Same as above. (同上)	
	予想リアクション	They will likely respond quite positively to being able to reach more users by putting their games on our platform. However, they have pride in managing a company themselves, so it can be predicted that they may have some resistance to becoming part of a larger organization. (当社のプラットフォームにゲームを載せて、より多くのユーザーにリーチできることには非常に肯定的に反応するだろう。 しかし、経営者としての自負心が強いため、より大きな組織に組み入れられることには抵抗を感じると予想できる)	By putting your games on our platform, you will be able to reach more users. **How do you feel about** the prospect of becoming part of a larger organization? (当社のプラットフォームに御社のゲームを載せることで、さらに多くのユーザーにリーチできます。 より大きな組織の一部になる可能性をどう思われますか?)
	交渉経験	None. (なし)	

本番まであと4時間!!

文化的特徴	The communication style in Canada is fairly direct, but it's not good to be overly direct. Because they are on the West Coast and in the game industry, the atmosphere is fairly casual. (カナダのコミュニケーションスタイルはかなりストレートだが、過度にはならないように。 同社は西海岸に位置し、ゲーム業界に属するため雰囲気は非常にカジュアル)	

> 言葉のハンデがあるからこそ
> 事前準備はより重要となります
> がんばりましょう

DL 49-56

代理店契約	会議出席者	RMD's head of sales, Dinesh Singh, and his subordinate in charge of marketing, Abijit Shankar (RMD社の営業部長Dinesh Singh氏とその部下のマーケティング担当、Abijit Shankar氏)	
	決定者	Dinesh Singh. He will likely need to discuss the matter with his boss. (Dinesh Singh氏。この件について上司に相談する必要もあるだろう)	
	説得相手	In previous conversations, Singh was very enthusiastic, so he should be easy to persuade. (以前の会話で、Singh氏は非常に積極的だったので説得しやすいはず)	
	反対候補者	Abijit Shankar was not necessarily opposed to it, but he is not as enthusiastic as Singh and has a more conservative personality. (Abijit Shankar氏は反対しないまでもSingh氏ほど熱心でなく、より保守的な性格)	
	予想リアクション	Concerning the sales support, it is possible that RMD will make strong demands. We anticipate a cooperative stance in relation to the other points. (営業サポートについては、RMD社が強く要求してくる可能性が高い。 それ以外の点では協力的な姿勢が予想される)	

	交渉経験	None. (なし)	
	文化的特徴	• Personal relationships are very important. We should spend some time on getting-to-know-you activities. • Decision-making is top-down. For that reason, the decision-maker is likely to be the head of sales, Dinesh Singh. • Communication is indirect. Thus, we need to be careful that what we say is not too strong, and that we make efforts to catch the hints in what they say. (・人間関係が非常に重要。お互いを知るのに時間を費やすべき ・意思決定はトップダウン式。したがって営業部長のSingh氏になると思われる ・コミュニケーションは間接的。そのため、ストレートに発言し過ぎないよう注意し、相手の示唆する内容をキャッチするよう努める)	While we are in town, **shall we set up a time to have dinner together?** (私どもがこちらにいる間に、夕食をセッティングしましょうか?)

Step 4 問題と対策 〜起こり得る問題・障害とその対策は?〜

ここでも、まずは表2の問題・障害とその対策を英訳し、それをどう相手に伝えるかを考えます。

問題・障害を伝えるフレーズ　日→ポーズ→英　● 15

❶ (弊社の要望)について不安に思われるのはわかります。
We understand your concerns about our requirements.

❷ リソースに関して制約があることをご理解ください。
Please realize that we do have constraints in terms of resources.

❸ 御社と協業するためなら、(業務提携)のような別の選択肢についても喜んで話し合いたいと思います。
We are happy to discuss other options for working together such as a collaborative agreement.

		【表2の英訳】	【相手に言うフレーズ】
Step 4 問題と対策	起こり得る問題・障害と対策		

080

| 代理店契約 | 🇮🇳 | • It's possible that they may make an unrealistic demand in regards to the distributor fee. **Countermeasure:** We can describe the information we researched about what is typical. We can also talk about our budget constraints.

• It's possible they will not want to make a commitment about the sales support. **Countermeasure:** Explain why it's important to our company.

• In regards to the training, it's possible that they will ask for something that is burdensome to us. **Countermeasure:** Explain our resource constraints and suggest alternatives, such as using Skype, etc.

(・販売手数料に関する非現実的な要求はあり得る
　対策：相場に関して調査した情報を示す。当社の予算的制約も伝える
・販促活動を確約しないことがあり得る
　対策：当社にとってそれが重要な理由を説明する
・研修に関して、当社への過大な要求があり得る
　対策：リソースの制約を説明し、スカイプなどを使う代替案を示す） | • **Based on the information we've gathered,** a distributor fee of 6 percent of sales is typical in India in this industry. **We got this information from** the Indian Chamber of Commerce.

• **We do have budget constraints,** so a too high distributor fee **would make it difficult to work with you**.

• A strong commitment about the sales support that you will provide **is very important to us** as it shows the importance your firm will place on our products.

• As for the training, **please realize that we do have constraints in terms of resources. We are open to alternative approaches, such as** using Skype, etc.

(・弊社の集めた情報によれば、インドでのこの業界の販売手数料相場は売上高の6パーセントです。インド商工会議所から情報を入手しました
・予算の制約があるので、販売手数料があまりに高いと御社とのお仕事は難しくなります
・販促への御社の強い関与は非常に重要です。御社が弊社の製品をどれだけ重視しているかの指標ですから
・研修については、リソースに関して制約があることをご理解ください。スカイプなどを使った代替案は歓迎です） |

本番まであと4時間!!

Step 4 「問題と対策」の英訳例　　　DL↓ 57-62

事例	表2の英訳	相手に言うフレーズ
部品購入	They may feel that they cannot meet our requirements for quantity, quality and timing. If that happens, we can explain once again why it's important and discuss the technical support that we can offer them. (先方は量・質・納期に関して当社の要求に応じられないと考えるかもしれない。そうなった場合、なぜ重要なのかを再度説明し、当社が提供できる技術的支援について話す)	・ We understand your concerns about our requirements. ・ Here's why those things are important to us. ・ Would it be helpful if we offer you some technical support? (・弊社の要望について不安に思われるのはわかります ・これらがなぜ弊社にとって重要かご説明いたします ・技術的支援のご提供はお役に立ちますか?)
買収	If concerns about becoming part of a larger organization come out, we can tell them that we don't intend to micromanage the companies we purchase, and we want to give them sufficient freedom. If it still seems difficult to do a purchase, we can switch the discussion from M&A to a collaborative agreement. (大きな組織の一部になることを懸念するなら、当社は買収する企業をこまごまと管理することはなく、十分な裁量権を与えたい旨を伝える。それでも買収が難しそうなら、買収を業務提携に切り替えて話し合う)	・ We understand your concerns about becoming part of a larger organization. ・ We don't intend to micromanage the companies we purchase, and we would give you sufficient freedom. ・ We don't insist on an M&A, and we are happy to discuss other options for working together such as a collaborative agreement. (・大きな組織の一部になることを懸念するお気持ちはわかります ・弊社は買収する企業をこまごまと管理することはなく、十分な裁量権を与えるつもりです ・買収を強要するつもりはなく、御社と協業するためなら、業務提携のような別の選択肢についても喜んで話し合いたいと思います)

本番まであと**4時間**!!

Step 5 アウトライン 〜大まかな交渉の流れは?〜

自分で参照するための項目なので、相手に言うフレーズは不要です。考えを整理して、関連する英語表現を確認するのに役立てましょう。

Step 5 アウトライン	交渉のアウトライン	【表2の英訳】	【相手に言うフレーズ】 記入は不要

Step 5 「アウトライン」の英訳例　DL↓ 63-65

事例	表2の英訳	相手に言うフレーズ
部品購入	The order: First we will talk about the quantity and quality. Once we have cleared that, we will decide the price and the timing. If they claim difficulties in meeting the quantity and quality required, we will deal with those by offering a higher price. (順序：まず量と品質について話す。それをクリアしたら、価格と納期を決める。こちらが求める量と品質に応えることに先方が難色を示したら、価格を上げて対応)	

あと7 基礎知識
あと6 事前準備（日本語）
あと5 事前準備1（英語）
あと4 事前準備2（英語）
あと3 情報収集 抵抗
あと2 戦略再編 駆け引き
あと1 合意・承認 フォロー フレーズ集

買収	1. Let them know that we really want to cooperate in some way. 2. Find out their thinking about being purchased. Grasp their concerns, and offer replies to them. 3. If it still seems to be difficult for them to agree to be purchased, switch to discussing a cooperative agreement. 4. If a purchase is possible, start discussing the price and other conditions. (1. 何らかの形で協力関係を築きたいことを伝える 2. 買収されることに関する先方の考えを探る。懸念事項を把握し、それに回答する 3. それでも買収への合意が困難な場合、業務提携に話を切り替える 4. 買収が可能なら、値段その他の条件の話に入る)	
代理店契約	• Rather than starting the negotiation immediately, we will have some social time first. • Decide the distributor fee. • Decide the details of the sales promotion. • Decide the details of the training our firm will offer. • Decide other related items. (・すぐに交渉に入らず、社交的な時間を設ける ・販売手数料を決める ・販促活動の詳細を決める ・当社が提供する研修の詳細を決める ・その他の関連事項を決める)	

到達度チェックリスト

本番4時間前は、資料の後半を英訳しました。
以下のリストで、日本語のフレーズを英語で言えるかチェックしてみましょう。

Unit 6　必要事項を英語化する：後編

- □「弊社が価格を上げれば、納期の要望に応じていただけそうですか？」
- □「この書類に弊社の主張を裏付ける情報が書かれています」
- □「夕食をセッティングしましょうか？」
- □「弊社の要望について不安に思われるのはわかります」
- □「リソースに関して制約があることをご理解ください」
- □「御社と協業するためなら、業務提携のような別の選択肢についても喜んで話し合いたいと思います」

> お疲れ様でした！！
> これだけしっかり準備すれば、
> 交渉も有利に進められますよ

本番まであと3時間!!

それではここからは、実際の交渉の場で使う英語表現を学んでいきましょう。

ここから1時間の学習

| 交渉の
プロセス
5分 | ▶ | 【Unit 7】
情報収集
25分 | ▶ | 【Unit 8】
抵抗
30分 | ▶ | 到達度
チェック |

【交渉のプロセスを知る】　　　　　　　　　5分

交渉というのは、異なったニーズや願望、関心を抱いている同士が、ある未決定のトピックに関してディスカッションなどを行い、**全員が同意できる解決策を一緒に探って決定する**作業です。

トピックや交渉相手、状況などはケースバイケースなので、展開にはさまざまなパターンがあります。しかし、国際交渉の専門家フランク・エカフ氏の分析によると、**どんな交渉にも典型的な6つの段階がある**そうです。

次ページに示すその段階ごとに、必要な英語表現をインプットしていきましょう。

交渉のプロセス

1. 情報収集 (Fact-finding)
Unit 3～6で行ってきた事前準備に加え、交渉の席でも**お互いに多くの情報を交換**します。先方の組織、交渉相手の人物像、現在の事情などについて、できるだけ詳しい情報を入手するよう努めます。

2. 抵抗 (Resistance)
この段階では、こちらの提案に先方が反対を示します。状況を打開するには、**相手の立場に立って先方のニーズを理解**することが必要です。

3. 戦略の立て直し (Reformulation of strategies)
先方の反応を考慮して、**事前に準備した戦略を立て直す**段階です。この段階の活動としては、「新しい情報の提出」と「課題の再定義」があります。

4. 厳しい駆け引きと意思決定 (Hard bargaining and decision making)
これは、**合意に向けて最終的な形が成立する**段階です。当初の目的を達成できるかどうかがこの段階で明らかになります。

5. 合意と承認 (Agreement and ratification)
この段階では詳細を徹底的に検討して、**最終的な合意を確認**します。次に上司や取締役会、弁護士などの確認を経て、契約書を作成します。

6. フォローアップ (Follow-up)
契約後に連絡を取り合う段階です。契約事項が実施に向けてスムーズに進んでいるかどうかをチェックします。

本番まであと3時間!!

Unit 7 情報収集　　　　　25分

ここから25分の目標

情報収集段階で必要な表現を、以下の3シーンに分けて学びます。

1. オープニングスピーチ（冒頭陳述）
2. 課題の定義
3. 優先順位づけ

情報収集の段階では、お互いのスタンスを表明し合い、交渉の課題を明確にした上で、ディスカッションの優先順位を決めます。

それぞれのシーンで学んだほうがいいフレーズを紹介しますが、すべて覚える必要はありません。自分の交渉に必要だと思われるものを選び、繰り返し口に出すようにしましょう。

1. オープニングスピーチ（冒頭陳述）

オープニングスピーチは、交渉の最初に双方が自分の考え方を表明する機会です。**何を望んでいるかをはっきり述べるとともに、肯定的な表現を数多く用いて**、良い雰囲気でスタートすることも非常に大切です。

089

要素としては、以下のようなものがありますが、すべて入れる必要はありません。**状況に合わせていくつか選んで組み合わせましょう。**

- 相手への感謝
- 相手との協力によって達成できることへの肯定的な発言
- 今日までに話し合った内容
- 今日の交渉で決めたいこと

オープニングスピーチにはある程度まとまった長さが必要です。Unit 3〜6で取り上げた事例に沿った例を3つ挙げるので、自分に必要だと思われるものを選びましょう。

事例1 ドイツの会社から部品を購入する　日→ポーズ→英　16

❶ **本日は私どもとの会合にお時間を割いていただき誠にありがとうございます。**

Thank you very much for taking the time to meet with us today.

❷ **以前にもお話ししたように、**(Dingは弊社の新製品の大変重要な部分となる)**と信じております。**

As we have mentioned previously, we believe that the Ding will be a very important part of our new product.

❸ **本日はそれを実現させる方法について、実のあるお話ができると確信しております。**

I am sure that today we will have a fruitful conversation about how to make that happen.

事例2 カナダの会社を買収する　日→ポーズ→英　　🔴 17

❶ 御社と弊社がより密接に協力する手段を探るための、こうした機会を得ることができてうれしく思います。
We are glad to have this opportunity to explore with you how our companies can work together more closely.

❷ （御社のゲームを弊社のグローバルプラットフォームに加える）**方法を導き出せると期待しています。**
We hope to work out a way to include your games in our global platform.

❸ それを成し遂げれば、（両社に大きな売上）をもたらすでしょう。
If we can do that, it will result in a lot of sales for both our companies.

> 初対面同士の場合は
> オープニングスピーチの前に
> 自己紹介などが入ります

事例3 インドの会社と代理店契約を結ぶ　日→ポーズ→英　● 18

❶ (御社に弊社の製品をインドで販売していただく)**可能性について、私どもは非常に熱心に考えております。**
We are very excited about the potential for having your company distribute our products in India.

❷ (インドで弊社製品の需要が高い)**のは存じておりますし、**(御社はそれらの販売に手腕を発揮される)**ものと確信しています。**
We know that there is a lot of demand for our products in India, **and we are confident that** your company will do a great job with marketing them.

❸ **本日、**(両社でどのような取り決めをするのか詳細)**を話し合うのを楽しみにしております。**
We are looking forward to discussing today the details of how our arrangement will work.

❹ **すぐに進められるように合意に達したいと望んでいます。**
We hope to reach an agreement so that we can move forward soon.

本番まであと3時間!!

2. 課題の定義

交渉の課題について、お互いの見解が異なることは大いにあり得ます。そこでまず**こちらの認識を示し、相手に確認を取る**ことが必要です。その際、「課題」は issues/things/topics などの語で示し、problems は使わないようにしましょう。

課題を定義するフレーズ　日 ➡ ポーズ ➡ 英　　◎ 19

❶ **これが私どもが認識する最重要課題です**：(量、品質、価格および納期)。**これは御社のお考えと一致していますか？**
Here are what we see as the biggest issues: the quantity, quality, price and the timing. **Does this match your thinking?**

❷ **私たちが考えている主要課題のリストを準備しました。もし何かが漏れていると思われましたらお知らせください。**
We've prepared a list of the key issues as we see them. Please let us know if you think we have left anything out.

❸ **これらを議論の必要がある課題と認識しています**：(販売手数料と販促活動)。**これらに加えたいことはありますか？**
We think that these are the things we need to discuss: the distributor fee and sales promotion. **Is there anything you'd like to add?**

あと7 基礎知識
あと6 事前準備（日本語）
あと5 事前準備1（英語）
あと4 事前準備2（英語）
あと3 情報収集 抵抗
あと2 戦略再編 駆け引き
あと1 合意・承認 フォロー
フレーズ集

交渉のプロセス ➡ 7. 情報収集 ➡ 8. 抵抗 ➡ Check　　093

3. 優先順位づけ

議論すべき課題は複数ありますから、前もって優先順位を決めておくと交渉の効率を上げられます。

優先順位を決めるフレーズ 日→ポーズ→英　　● 20

❶ 優先順位の高い項目を決めましょう。
Let's identify what the top priority items are.

❷ 焦点を絞るべき重大な課題は何ですか？
What are the crucial things that we need to focus on?

❸ 話し合うべき課題は数多くあります。最も重要なのはどれだと思われますか？
We have lots of issues on the table. Which ones do you think are the most important?

Unit 8 抵抗

30分

ここから30分の目標

抵抗段階で必要な表現を、以下の6シーンに分けて学びます。

1. 立場を示す
2. 論理的な見解を述べる
3. 意見の相違を明らかにする
4. 否定的なコメントをする
5. 否定的なコメントに応える
6. 誤解を解く

こちらの提案がそのまま通るのなら、交渉の必要はありません。相手から示される反対意見を受け止め、ニーズをしっかりと読み取るのがこの段階です。

> たくさんのフレーズが出てくるので口に出しながら覚えましょう！

1. 立場を示す

まず最初に、自分の立場を明確に述べておく必要があります。その際、以下のような表現を用いると便利です。

立場を示すフレーズ　日→ポーズ→英　🔘 21

❶ (予算を20パーセント削らなければならない)**というのがわれわれの立場です。**
Our position is that we should cut the budget by 20 percent.

❷ (手数料を下げる)**というのがわれわれが望む方法です。**
The way we prefer to do it is by lowering commissions.

❸ (納期を変える)**ことで対処したいです。**
We would like to handle it by changing the delivery schedule.

2. 論理的な見解を述べる

相手に自分の立場を理解させるには、論理的に発言することが重要です。主張をサポートする事実や事情を述べた後、以下のような表現を用いて結論につなぎます。

論理的に述べるためのフレーズ　日→ポーズ→英　●22

❶ **それゆえに、**（9月10日に最初の納品をしていただくことが必須）**なのです。**
Therefore, it is essential to start receiving shipments on September 10.

❷ **そのため、**（われわれは買収金額としては1000万ドルを提示できる）**という結論を出しています。**
Thus, in conclusion, we can offer you $10 million as the purchase price.

❸ **その結果、**（予算を抑制せざるを得ませんでした）。
As a result, we had to restrain the budget.

3. 意見の相違を明らかにする

相手と意見が異なる場合は、それを明確に示す必要があります。しかしその際、丁寧さを忘れないようにしましょう。

日本人の中には「英語はストレートに話すべきだ」と考えて、"I do not like your idea.(あなたのアイデアは気に入らない)"、"Your view is not good.(あなたの見方はよくない)"といった表現を使う人がいますが、これらは相手を攻撃している印象を与えるだけでなく、失礼に当たります。特に間接的なコミュニケーションスタイルを持つ相手に対しては避けるべきです。

意見の相違を明らかにするフレーズ　日→ポーズ→英　●23

❶ これについて、私は異なる見解を持っています。
I have a different viewpoint on this.

❷ この問題について、私たちは別な見方で考えています。
We are thinking about this problem in another way.

❸ これに関して別の見解を提示したいのですが。
I'd like to suggest another way of looking at it.

本番まであと3時間!!

4. 否定的なコメントをする

否定的なことを述べるのはなかなか難しいですが、明確に伝えなければ交渉は進みません。以下のような2つのステップを踏むといいでしょう。

　① 警告的な表現を使って否定的意見への導入を暗示する。
　② 否定的意見を述べる。

突然否定的なことを言い出しては相手を驚かせてしまうので、注意しましょう。

否定的なコメントのためのフレーズ　日→ポーズ→英　◎ 24

❶ ずっと気にかかっていたことがあります。
Something has been on my mind.

❷ 懸念していることがあります。
I'm concerned about something.

❸ **正直に申し上げて、**(御社の買収のご提案)**はしっくりきません。**
Honestly speaking, I'm uncomfortable with your acquisition offer.

❹ **率直に言うと、**(フランチャイズ制の考え方)**は私たちには合いません。**
To be frank, the idea of a franchise system **isn't sitting well with us**.

交渉のプロセス → 7. 情報収集 → 8. 抵抗 → Check　　099

5. 否定的なコメントに応える

逆に相手から否定的なことを述べられる場面もあります。**ここでの対応は交渉に大きな影響を与える**ので、細心の注意が必要です。

以下のような3つのステップを踏みましょう。
　① 相手の意見を受け入れ、理解を示す。
　② 否定的意見の裏にある理由を探る。
　③ 解決を提案する。

どんな人でも、自分の発言が聞き入れられたかどうかを知りたがります。まずは相手の発言を認めましょう。

相手の意見を受け入れるフレーズ　日 → ポーズ → 英　◎ 25

❶ あなたのご懸念はわかります。
I understand your concern.

❷ 私たちにそれをお話しいただいてありがとうございます。
I'm glad that you told us about this.

次に、相手が示した否定的意見の理由を探るため、相手の考えを把握します。

理由を探るフレーズ　日 → ポーズ → 英　　26

❶ あなたのご懸念についてもう少しご説明ください。
Please explain a bit more about your concerns.

❷ 結果的に御社にどんな問題が発生しますか？
What problem does that cause for you?

問題点を理解したら、それを解決するための方法を提案しましょう。

解決を提案するフレーズ　日 → ポーズ → 英　　27

❶ これに対処する方法を話し合いましょう。
Let's talk about how to address this.

❷ （対案として）どのようなことがあればいいと思われますか？
What would you like to see happen?

❸ 別のアプローチをいくつか見てみましょう。
Let's take a look at some alternative approaches.

6. 誤解を解く

誤解によって交渉が頓挫することはよくあります。誤解が生じたと感じたら、すぐに認めて別の言葉で言い直しましょう。

誤解を解くフレーズ　日→ポーズ→英　　28

❶ **すみません、これは厳密には正しくないですね。これは**（ここ5年間の平均の経費）**です。**
Sorry, that's not exactly right. It's the average cost over the past five years.

❷ **それは私の言おうとしていたことではありません。私が言いたかったのは**（リソースに関しては制約がある）**ということです。**
That isn't what I meant. What I meant was that we have constraints in terms of resources.

❸ **私の言い方が不明瞭でしたらすみません。申し上げたかったのは、**（納期は融通がきく）**ということです。**
I'm sorry if I wasn't clear. What I wanted to say was that we are flexible on the timing.

到達度チェックリスト

本番3時間前は、交渉プロセスの最初の部分で使う英語表現を学びました。
以下のリストで、日本語のフレーズを英語で言えるかチェックしてみましょう。

Unit 7　情報収集

- □「本日は私どもとの会合にお時間を割いていただき誠にありがとうございます」
- □「御社のゲームを弊社のグローバルプラットフォームに加える方法を導き出せると期待しています」
- □「すぐに進められるように合意に達したいと望んでいます」
- □「私たちが考えている主要課題のリストを準備しました。もし何かが漏れていると思われましたらお知らせください」
- □「優先順位の高い項目を決めましょう」

Unit 8　抵抗

- □「手数料を下げるというのがわれわれが望む方法です」
- □「これに関して別の見解を提示したいのですが」
- □「正直に申し上げて、御社の買収のご提案はしっくりきません」
- □「あなたのご懸念についてもう少しご説明ください」
- □「これに対処する方法を話し合いましょう」
- □「私の言い方が不明瞭でしたらすみません。申し上げたかったのは、納期は融通がきくということです」

同じニュアンスを伝える表現なら直訳でなくてもOKです

本番まであと2時間!!

交渉のプロセスの中盤、行き詰まった状況を打開し、駆け引きを経て意思決定を行うところまでに必要な表現を学びましょう。ゴールはもうすぐです！

ここから1時間の学習

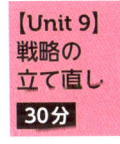

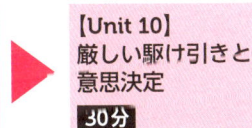

| 【Unit 9】戦略の立て直し 30分 | → | 【Unit 10】厳しい駆け引きと意思決定 30分 | → | 到達度チェック |

【決定までの紆余曲折を体験】

事前準備の段階で書いたアウトラインや、先方の反応に対する予測が、実際の交渉の場でひっくり返されてしまうことはよくあります。そこで求められるのが、**交渉戦略を立て直す柔軟性**です。

事前準備で確認した「妥協できる範囲」、「譲れない条件」を念頭に、課題を再定義して、相手との駆け引きに生かしましょう。ここを乗り越えれば、最終的な合意にこぎ着けることができます。

Unit 9 戦略の立て直し　　30分

ここから30分の目標
戦略の立て直し段階で必要な表現を、以下の5シーンに分けて学びます。

1. 新しい情報の提出
2. 課題の再定義
3. 相違点の調整
4. 代替案の提出
5. 合意へと導く

「戦略の立て直し」は、そもそもお互いの立脚点が違い過ぎる場合に、それを乗り越える方法を探ることから始めます。

1. 新しい情報の提出

交渉が行き詰まった場合、相手を説得し、交渉を進展させるためには「新しい情報の提出」が役に立ちます。そういった情報を紹介する際は、右ページのような表現を使いましょう。

新しい情報を提出するフレーズ　日→ポーズ→英　● 29

❶ お知らせしたい新しい情報があります。
I have some new information I'd like to tell you about.

❷ 弊社で考えていたいくつかの新しいアイデアがこちらです。
Here are some new ideas we have been thinking about.

❸ これはご存じなかったかもしれませんが、（私たちの競合他社が価格を下げる可能性があります）。
Perhaps you weren't aware of this but there is a possibility that our competitor will lower its price.

> ピンと来る表現がなければ巻末のフレーズ集も参照しましょう

2. 課題の再定義

交渉を進展させるもう1つの方法として、「課題の再定義」があります。新しい観点で課題を見るように、相手に提案します。

課題を再定義するフレーズ　日→ポーズ→英　🔘 30

❶ **これまで話してきたことをいくつか見直してみましょう。**
Let's try to reframe some of the things we have been talking about.

❷ **これは違う見方ができる気がします。例えば**(在庫が減らせるかもしれません)。
I think we could look at this in a different way. For example, this might reduce our inventory.

❸ **この課題にアプローチする方法は1つだけではありません。**
There is more than one way to approach this issue.

3. 相違点の調整

相違点を明らかにし、互いの意見を調整していくのは、こう着状態を打開する重要なステップです。相手のアイデアを尋ねる際は、Yes/Noで答えるタイプでなく、**より豊富な情報を引き出せるオープンな質問**を心がけましょう。質問することで一方的な雰囲気を避けることもできます。**自分のアイデアは「提案」の形で伝える**ことが大切です。

本番まであと2時間!!

相手のアイデアを尋ねるフレーズ　日→ポーズ→英　● 31

❶ これに対処するどのようなアイデアをお持ちですか？
What ideas do you have for addressing this?

❷ これらの課題にどう対処できるでしょう？
How can we deal with these issues?

❸ 前に進むためにどんな選択肢があると思われますか？
What do you think are our options going forward?

自分のアイデアを伝えるフレーズ　日→ポーズ→英　● 32

❶ 私たちで（代替案を検討する）のはいかがでしょう？
What if we consider some alternatives?

❷ 私たちにできることとして（日本での市場拡大）があります。
Something we could do is expand the market in Japan.

❸ 私たちは（アジアでの販売）を検討することもできます。
We could look at marketing it in Asia.

9. 戦略の立て直し → 10. 駆け引きと意思決定 → Check　109

4. 代替案の提出

相手のアイデアや提案を聞いたけれど、それに賛成できないという場合は、代替案を伝える必要があります。

代替案を伝えるフレーズ　日→ポーズ→英　　●33

❶ **残念ながら、それはできかねます。代わりに**（納期を変更する）**のはいかがでしょう？**
Unfortunately, that isn't doable for us. What if we change the delivery date instead?

❷ **代替案として、**（経費の前払い）**はご検討いただけますか？**
As an alternative, would you consider paying our expenses upfront?

❸ **それも方法の1つですね。少し異なった代替手段は、**（電話会議）**でしょう。**
That's one way of doing it. A slightly different way to do it would be to have a conference call.

5. 合意へと導く

合意に到達するには、何らかの歩み寄りや妥協が必要となります。こちらから提案する場合と、相手に求める場合、それぞれのフレーズを学びましょう。

歩み寄りを伝えるフレーズ 　日→ポーズ→英　　◎ 34

❶ 弊社はこの課題について、歩み寄る用意があります。
We would be happy to meet you in the middle on this issue.

❷ これに関しては妥協できると思います。
I believe we can compromise on this.

❸ 当初のスタンスからは異なることになっても大丈夫です。
We are willing to make a change from our initial position.

歩み寄りを求めるフレーズ 　日→ポーズ→英　　◎ 35

❶ この点については、譲歩を考慮いただけないでしょうか？
Would you consider compromising on this point?

❷ 御社の側からも歩み寄っていただくことは可能でしょうか？
Would it be possible for your side to meet us in the middle?

❸ この点に関しては融通がききますでしょうか？
Do you have any flexibility on this point?

Unit 10 厳しい駆け引きと意思決定　30分

ここから30分の目標

**厳しい駆け引きと意思決定段階で必要な表現を、
以下の6シーンに分けて学びます。**

1. 真の目標を明確にする
2. 代替案を探る
3. 要求する
4. 無理な要求に対応する
5. 合意に必要なものを見極める
6. 途中経過をまとめる

この段階では、解決しにくい問題点を何とかして乗り越え、最終的な合意を達成します。言うのは簡単ですが、実行には困難が伴うものです。各ステップを慎重に踏みながら、合意に向かって議論を進めましょう。

本番まであと2時間!!

1. 真の目標を明確にする

相手にとって何が本当に重要なのかを見極めるためには、上手に質問をする必要があります。その際、以下の表現が役立ちます。

真の目標を探るフレーズ　日→ポーズ→英　　● 36

❶ 御社にとって最も重要なことは何ですか？
What is most important to you?

❷ 御社がここから最優先で得る必要があるのは何ですか？
What do you most need to get out of this?

❸ 最も達成したいことは何ですか？
What do you most want to achieve?

> 各フレーズは交渉の場ですぐに口から出るように繰り返し練習しましょう

9. 戦略の立て直し → 10. 駆け引きと意思決定 → Check　113

2. 代替案を探る

代替案を提案して相手の意見を聞くのは、合意に近づくための方法の1つです。まずは、こちら側で実行可能な方法や解決策を述べ、その後で先方の反応を確認します。

代替案を探るフレーズ　日➡ポーズ➡英　　🔘 37

❶ **提案があります。**（新商品開発への投資を増やし）**たとしたらどうでしょう？　うまくいくと思いますか？**

I have a suggestion. What if we increase our investment in new product development? **Would that work?**

❷ （定期的に会議を開く）**という方法は実行できると思います。どう思われますか？**

One way we could do it would be to have regular meetings. **What do you think?**

❸ **代わりに**（イタリアから資材を調達して）**みることに問題はないでしょうか？**

Would you be comfortable with trying to source the materials from Italy **instead?**

3. 要求する

交渉のこの段階では、自分のほうから述べたい要求もあるでしょう。その際は、明確に伝える必要があります。

要求を述べるフレーズ 日 → ポーズ → 英　　⬤ 38

❶ **御社に**（予算を増やして）**ほしいのです。**
We need you to increase the budget.

❷ （優先順位）**の見直しに同意いただけない場合、これが上手く行くようには思えません。**
If you don't agree to revising the priorities, then I don't think this is going to work out.

❸ **弊社は**（1個当たり3ドル）**以下は受け入れかねます。**
We can't accept anything less than $3 per item.

> スピーキング練習は実際に話す声の大きさで感情を込めて行いましょう

4. 無理な要求に対応する

相手の要求の中には、同意できないものもあるでしょう。その場合は以下のような表現を使うことができます。

無理な要求に対応するフレーズ 日→ポーズ→英　◎ 39

❶ それは実のところ、弊社が期待していたものではありません。
That really isn't what we expected.

❷ それは弊社にとって大変厳しいですね。
That would be really tough for us.

❸ 弊社はもっといい数字を期待していました。
We were hoping for a much better number.

5. 合意に必要なものを見極める

交渉を重ねても合意になかなか至らない場合、この**状況をどうやって克服すべきか、相手に直接聞いてみる**ことも有効です。

本番まであと2時間!!

何が必要か尋ねるフレーズ① 　日→ポーズ→英　　● 40

❶ 合意に達するためには何が必要になるでしょう？
What is it going to take to reach an agreement?

❷ 御社が前進するために弊社ができることが何かありますか？
Is there something we can do that will enable you to move forward?

❸ 残る相違点を解決するのにどうすればいいと思われますか？
How do you recommend that we resolve our remaining differences?

場合によっては、もっと直接的に尋ねたほうがいいこともあります。**相手の要求を引き出すことが肝心**です。

何が必要か尋ねるフレーズ② 　日→ポーズ→英　　● 41

❶ 具体的な数字が頭にありますか？
Do you have a figure in mind?

❷ ご提案をお願いします。
Make me an offer.

❸ 最低限の条件は何ですか？
What could you live with?

9. 戦略の立て直し → 10. 駆け引きと意思決定 → Check　117

6. 途中経過をまとめる

交渉が長く続いている場合は、そこまでの進捗状況をいったんまとめて、相手の感触を探るといいでしょう。反応を見ながら、次のステップを決めることができます。

状況を確認するフレーズ　日→ポーズ→英　　🔴 42

❶ ここでいったん話を止めて、進捗状況をチェックするのはどうでしょう。
Why don't we stop here for a moment and measure our progress.

❷ 状況を確認して、現在どの地点にいるかを知りたいです。
I'd like to do a check-in and see where we're at.

❸ これまでの進捗について、御社側の印象はいかがですか？
What is your impression of our progress so far?

❹ 御社にとってこれは生産的な会議でしたでしょうか？
Has this been a productive meeting for you?

本番まであと2時間!!

到達度チェックリスト

本番2時間前は、交渉プロセス中盤の最も注意が必要な英語表現を学びました。
以下のリストで、日本語のフレーズを英語で言えるかチェックしてみましょう。
直訳フレーズが浮かばなくても、同じ意図を伝えられるフレーズが言えればOKです。

Unit 9　戦略の立て直し

- ☐「お知らせしたい新しい情報があります」
- ☐「この課題にアプローチする方法は1つだけではありません」
- ☐「これらの課題にどう対処できるでしょう?」
- ☐「私たちはアジアでの販売を検討することもできます」
- ☐「残念ながら、それはできかねます。代わりに納期を変更するのはいかがでしょう?」
- ☐「これに関しては妥協できると思います」
- ☐「御社の側からも歩み寄っていただくことは可能でしょうか?」

Unit 10　厳しい駆け引きと意思決定

- ☐「最も達成したいことは何ですか?」
- ☐「定期的に会議を開くという方法は実行できると思います。どう思われますか?」
- ☐「御社に予算を増やしてほしいのです」
- ☐「弊社はもっといい数字を期待していました」
- ☐「合意に達するためには何が必要になるでしょう?」
- ☐「具体的な数字が頭にありますか?」
- ☐「ここでいったん話を止めて、進捗状況をチェックするのはどうでしょう」

9. 戦略の立て直し　➡　10. 駆け引きと意思決定　➡　Check

本番まであと1時間!!

さあ、いよいよ最後の1時間となりました！ 交渉の終盤および終了後に必要な英語表現を学んで、学習を仕上げましょう！

ここから1時間の学習

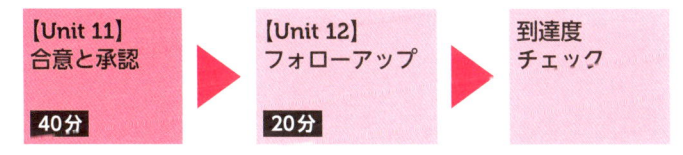

【Unit 11】
合意と承認
40分

→

【Unit 12】
フォローアップ
20分

→

到達度
チェック

【合意に至ってからが肝心】

さまざまな話し合いの結果、双方が合意に達しても、交渉の仕事はそこで終わりではありません。**取り決め内容を文書に残し、その内容がきちんと履行されているか、フォローする必要**もあります。

最後の1時間は、交渉のクロージングに必要な表現と、交渉終了後に必要な表現を学びます。どちらも交渉の一部ですから、気を抜かずに取り組みましょう。

> ゴールまであと1時間！
> がんばりましょう

Unit 11 合意と承認　　40分

ここから40分の目標

交渉の終盤で必要な表現を、以下の4シーンに分けて学びます。

1. 合意を確認する
2. 文書化する
3. 承認手続きを伝える
4. 細部の手直しをする

おめでとうございます、ようやく合意の段階です！　しかし、ボールから目を離してはいけません。最後の締めくくりを怠って失敗することはよくあるのです。**何に合意し、それをどう記録するかを、双方が納得する**ことが大切です。

1. 合意を確認する

合意事項は、その都度しっかりと確認するようにしましょう。先方に念を押された場合は、内容が満足のいくものなら、これからの関係がうまく築けるようポジティブに応答します。

本番まであと1時間!!

合意を確認するフレーズ 　日→ポーズ→英　　◉43

❶ われわれは合意に達したようですね。私の見方は正しいですか？
I believe we have come to an agreement, am I right?

❷ 確認ですが、私たちは今、合意していますね。
So to confirm, we are now in agreement.

❸ すべて決着したように思いますが、間違いありませんか？
It looks like we have settled everything, is that correct?

合意を認めるフレーズ　日→ポーズ→英　　◉44

❶ 双方ともにウィンウィンとなる内容を打ち出せたと思います。
I feel that we both have come out with a win-win situation.

❷ ここでとてもいい結果にたどり着いたと思います。
I think we have reached a very good outcome here.

❸ 異存はありません。
We are comfortable with that.

11. 合意と承認 → 12. フォローアップ → Check

2. 文書化する

次の段階では**合意内容を文書化して、お互いの理解が正しいかを確認**します。この過程でさらに相談や協議が必要になることもあります。文書化は決して軽視してはいけないプロセスです。

まずは先方に、「決めたことを文書化したい」と伝えましょう。

文書化を促すフレーズ 日→ポーズ→英　 ● 45

❶ 合意に達したので、これを書面にしましょう。
Now that we have an agreement, let's get this in writing.

❷ では、われわれが合意した事項すべてを正式に文書に記しましょう。
Now let's put down on paper formally all the things we agreed on.

❸ これを書面にしてみましょう。
Let's try getting this on paper.

本番まであと1時間!!

最初に文書を起こすのはそれなりに労力がかかりますが、フォーマットをこちらで決められるという利点もあります。可能ならば、自分のほうで第一稿を作ると申し出てみましょう。

書き手を決めるフレーズ　日→ポーズ→英　　46

❶ 弊社側で第一稿をまとめましょうか、それとも御社がされますか？
Shall our side put together a first draft, or would you like to?

❷ 第一稿を起こしてみるのは喜んでお引き受けします。
We would be happy to try our hand at a first draft.

❸ 誰が第一稿を作成すべきだとお考えですか？
Who do you think should create the first draft?

3. 承認手続きを伝える

合意後の社内手続きを相手に伝えます。法務部や顧問弁護士に確認した後、社内で稟議書を回して決済を取る必要があるでしょう。日本企業の承認プロセスははかに国に比べて時間がかかる場合が多いので、事前にしっかり説明することが望ましいです。

弁護士のチェックを伝えるフレーズ 　日→ポーズ→英　● 47

❶ これを承認する前に、弊社の弁護士を通す必要があります。
Before we can approve this, we need to run it by our lawyers.

❷ 基本的な枠組みができた今、弊社の法律顧問にこれを見せて意見を聞きたいと思います。
Now that we have set the basic framework, we would like to show this to our legal counsel and get their opinion.

❸ ご理解いただけると思いますが、最終的な承認をする前に弊社の弁護士にこれを見せる必要があります。
I'm sure you'll understand, but we need to have our attorneys look at this before we can give our final OK.

承認プロセスを伝えるフレーズ 　日→ポーズ→英　● 48

❶ 弊社の承認プロセスの概略がこちらです。
Here's an overview of our company's approval process.

❷ この承認を得るために、弊社側で経る必要があるステップをご説明いたします。
Let me explain the steps we need to take to get this approved internally on our side.

❸ 正式な最終合意の前に、これについて弊社の取締役会での承認が必要です。

Before we can formally make a final agreement, we need our board of directors to sign off on this.

4. 細部の手直しをする

最終段階で交渉の詳細を確認するやり取りは、ストレスの原因になりがちです。The devil is in the details.（悪魔は細部に宿る）とことわざで言われるように、**前の段階に見過ごされた問題点が表面化**するからです。こうした状況に出くわした場合は、以下のような表現を使いましょう。

細部へのこだわりを伝えるフレーズ　日→ポーズ→英　◉49

❶ 時間はかかりますが、正確さが必要なのです。

It takes time, but we need to be precise.

❷ この草案のプロセスにはかなり時間がかかりますが、非常に重要だと信じています。

This drafting process is quite time-consuming. However, we believe it is very important.

❸ 後で問題が起きないように、注意深くすべてを明確に書面化する必要があります。

We need to be careful to get everything in writing clearly, so that there will be no problems later.

同意内容と文書の差異を伝えるフレーズ 日→ポーズ→英 ● 50

❶ こちらに書かれていることは、われわれが話し合った内容と異なるように思えます。
What is written here seems to be different from what we discussed.

❷ これはわれわれが同意した趣旨と合致しないように思われます。
This doesn't seem to match the spirit of what we agreed on.

❸ 私は混乱しています。われわれの話し合いでは(経費を互いに負担する)ことに同意したはずですが、この書類の書き方では(全額弊社負担)となります。
I'm confused. From our discussion, I thought that we had agreed to share the expenses, but according to the way this document is written, our company has to pay all of them.

> ここをあいまいにすると交渉の成果が失われてしまいます 最後までねばって！

Unit 12 フォローアップ　20分

本番まであと1時間!!

ここから20分の目標

最後のフォローアップ段階で必要な表現を、以下の3シーンに分けて学びます。

1. 合意事項を実行するための提案
2. 締めくくり
3. フォローアップの連絡

交渉の最後には、合意内容を実行に移したり、フォローアップする方法を確認します。残念ながらこの段階はおろそかにされがちです。契約書にサインしてそれを現場に渡したら、**交渉担当者は「その案件がどのように進んでいるか」、「期待された成果は得られているか」などをあまりチェックしない**傾向にあります。

日本企業においては、交渉担当者がその後すぐに別の部署へ異動することもよくあります。しかし、交渉時のねらいを達成するためには、合意事項の確実な履行を促し、見届けることが不可欠なのです。

11. 合意と承認　→　12. フォローアップ　→　Check

129

1. 合意事項を実行するための提案

まず考えられるのは、合意事項の実施状況を管理する「実行チーム」を置くことです。このチームには普通、双方の交渉参加者が含まれます。

また、交渉参加者による定期的な検討会議の開催も有効です。こうした施策を行うことで、実動部隊にバトンを渡した後も、交渉時のビジョンとのずれを防ぐことができます。

実行チームを提案するフレーズ　日→ポーズ→英　● 51

❶ 双方のキーパーソンを含む実行チームを置くのが有効だと考えています。
We think it would be helpful to put in place an implementation team that includes key people from each side.

❷ 実行を点検する双方のキーパーソンは誰がいいと思いますか？
Who do we think will be the key people on each side to oversee the implementation?

❸ この同意が成立した後、双方のフォローアップ用連絡窓口になる人を決めましょう。
Let's decide who will be the point people on each side for follow-up once this agreement is concluded.

検討会議を提案するフレーズ　日→ポーズ→英　　● 52

❶ 定期的に検討会議を開くことを提案します。
I suggest that we schedule a review meeting regularly.

❷ 定期的な検討会議が、プロジェクトの進捗状況に目を配るための良策でしょう。
A regular review meeting could be a good way to monitor the project's progress.

❸ 最初の交渉チームが今後四半期ごとに集まるのはいい考えだと思います。
I think that it would be a good idea for the members of the original negotiation team to meet once a quarter going forward.

2. 締めくくり

交渉の最後は、ポジティブな発言で締めくくりましょう。いい雰囲気で会議を終えることができます。

交渉を締めくくるフレーズ 日→ポーズ→英 ● 53

❶ 今回の交渉を通じての皆様のご協力に感謝いたします。
Thanks to everyone for your cooperation throughout this process.

❷ 弊社チームは全員、この交渉が成功に終わったことをうれしく思っております。
We are all very happy to have completed this process successfully.

❸ 両社がこれから協力して成し遂げる素晴らしい事業を楽しみにしております。
We are looking forward to all the wonderful things that our companies will do together.

3. フォローアップの連絡

交渉後に進捗状況を確認する際は、以下のような表現を使いましょう。メールや電話でも使うことができます。

フォローアップのフレーズ

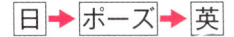

❶ 私は実施がどのように進んでいるか確認のためフォローをしております。
I'm following up to see how things are going with the implementation.

❷ 進行状況を確かめるためにご連絡をしようと思いました。
I thought I would reach out to see how things are going.

❸ 実施状況に関する最新情報をください。
Please give me an update about the implementation progress.

到達度チェックリスト

本番直前の1時間では、交渉の終盤に必要な英語表現を学びました。
以下のリストで、日本語のフレーズを英語で言えるかチェックしてみましょう。
直訳フレーズが浮かばなくても、同じ意図を伝えられるフレーズが言えればOKです。

Unit 11　合意と承認

- □「すべて決着したように思いますが、間違いありませんか?」
- □「ここでとてもいい結果にたどり着いたと思います」
- □「では、われわれが合意した事項すべてを正式に文書に記しましょう」
- □「誰が第一稿を作成すべきだとお考えですか?」
- □「ご理解いただけると思いますが、最終的な承認をする前に弊社の弁護士にこれを見せる必要があります」
- □「弊社の承認プロセスの概略がこちらです」
- □「この草案のプロセスにはかなり時間がかかりますが、非常に重要だと信じています」
- □「こちらに書かれていることは、われわれが話し合った内容と異なるように思えます」

Unit 12　フォローアップ

- □「実行を点検する双方のキーパーソンは誰がいいと思いますか?」
- □「最初の交渉チームが今後四半期ごとに集まるのはいい考えだと思います」
- □「弊社チームは全員、この交渉が成功に終わったことをうれしく思っております」
- □「私は実施がどのように進んでいるか確認のためフォローをしております」

お疲れ様でした!
使いたいフレーズは繰り返し口に出して覚えましょう!

言いたいことがすぐ探せる！ 場面・機能別フレーズ集

Unit 2とUnit 7〜12に登場したフレーズの、「別の言い方」を掲載しました。自分が言いやすい表現を見つけて、何度も口に出して練習しましょう。
Unit 5と6の表の中の英語表現の音声（「事例の英語訳の音声」）は、こちらのURLでダウンロードできます。➡http://www.alc.co.jp/dl/

Unit 2　日本人が注意すべき表現

○ "No." と "Yes." を伝える

1. "No." の場合　● 55

「それは受け入れかねます」
- We can't accept that.

「それは私どもではうまくいかないでしょう」
- That won't work for us.

「それはあまりしっくり来ませんね」
- We're not very comfortable with that.

2. "Yes." の場合　● 56

「その選択肢はいいですね」
- We like that option.

次のページへ続く ➡

135

Unit 2　日本人が注意すべき表現

2. "Yes." の場合

「そのアプローチで行きたいと思います」
- We'd like to go with that approach.

「それは私どもではうまくいくでしょう」
- That works for us.

3. 意見が決まっていない場合　● 57

「もう少し熟考したいと思います」
- We'd like to give it some further thought.

「まだ決めていません」
- We haven't decided yet.

「まだお返事はできません」
- We're not ready to reply yet.

4. "Yes." の代わりのあいづち　● 58

「お話は聞いています」
- I hear you.

「なるほど」
- I've got it.

「質問は後でまとめてするので、とりあえず続けてください」

- If I have any questions I'll ask you later, but go on for now.

○話に積極的に参加する

1. 会話を遮りたい場合 59

「いったん会話を止めてもいいですか？」

- May I stop the conversation for a moment?

「発言してもよろしいですか？」

- May I have the floor?

2. 話が理解できない場合 60

「お待ちください！ 今、(弊社が費用を支払う)とおっしゃいましたか？ 申し訳ありませんが、私の理解は異なります」

- Hold on! Did you just say we would pay the fee? I'm sorry, but my understanding is different.

次のページへ続く➡

Unit 2　日本人が注意すべき表現

2. 話が理解できない場合

「間違っていたら訂正していただきたいのですが、(送料は御社負担)だと思っていました」

- **Correct me if I'm wrong, but I thought you would cover the shipping costs.**

「それがどういう意味かよくわからないのですが」

- **I'm not sure what you mean by that.**

「すみませんが、ちょっと聞き取れませんでした」

- **I'm sorry, but I didn't catch that.**

3. 相手の話し方がわかりにくい場合　🔘 61

「もう少しゆっくり話していただけますか？」

- **Could you please speak a bit more slowly?**

「すみません、お使いになっている言葉のいくつかが理解しにくいのですが」

- **Sorry, I'm having trouble understanding some of the words you're using.**

「私どもは英語が母国語ではないので、できるだけシンプルに話していただけると助かります」
- Since we are not native speakers of English, we'd appreciate it if you could speak as simply as possible.

○ **自分の態度を説明する** 　　62

「お話を理解するのに少し時間が必要です」
- I need a moment to digest what you just said.

「あなたを無視しているわけではなく、考えをまとめる必要があるんです」
- I'm not ignoring you, I just need to gather my thoughts.

「私は人の話を一生懸命聞く際、目を閉じる癖があります」
- When I'm listening to something very carefully, I tend to close my eyes.

「目を閉じると集中しやすいのです。寝ているなどと思わないでください！」
- Closing my eyes helps me to concentrate. Please don't think I'm sleeping!

Unit 2　日本人が注意すべき表現

○**決定権を説明する**

1. 自分の権限について説明する場合　🔴 63

「ここで何かを決めたら、会社に持ち帰って承認を得る必要があります」

- Once we decide something here, then I'll need to take it back to get approval from my company.

「私には会社を代表して決定を下す権限がないことをどうかご承知おきください」

- I just want you to know, I don't have the authority to make any decisions on behalf of the company.

「ご存じかと思いますが、日本企業は組織で決定を下すため、私1人では何も決められないのです」

- As you may know, in Japanese companies, we do group decision-making, so I can't decide anything on my own.

2. 決定の手順を説明する場合　🔘 64

「この件に同意するかどうかは、私の上司や管理職次第です」

- It's up to my boss and the other managers whether they want to agree to this.

「会社の者の承認を得るまで、確約することはできません」

- I can't give you a firm commitment until I clear it with my colleagues back at the office.

「これを日本側の人間に提案してみたいと思います」

- Let me propose this to the office in Japan.

Unit 7-8　交渉冒頭の表現

○情報収集する

1. 課題を定義する場合　🔊 65

「(コストの高さ)が最も重要な課題だと考えています。御社の見解はいかがでしょう？」

- We view the most significant issue to be the high cost. What is your view?

「この交渉で取り組むべき最重要課題は(利益の分け方)だと思います。同意いただけますか？」

- We think that the most important topic for us to tackle in this negotiation is how to share the profits. Do you agree?

2. 優先順位をつける場合　🔊 66

「まずは、優先する課題を決めましょう」

- First, let's decide what the priority topics are.

「課題に優先順位をつけることから始め、まずは最も重要なものに取り組みましょう」

- We should start by prioritizing the issues, and then tackle the most important ones first.

○ **抵抗する**

> **1. 立場を示す場合**　　🔊 67

「弊社は（契約期間を短くすること）が最善と考えています」

- We think that it would be best to shorten the period of the contract.

「（事業の拡大）は弊社にとって望ましいことです」

- It would be preferable for us to expand the business.

> **2. 論理的な見解を述べる場合**　🔊 68

「したがって（広告費を最小限に抑えたほうがいいでしょう）」

- Thus we should cut advertising costs to a minimum.

次のページへ続く➡

143

Unit 7-8 交渉冒頭の表現

2. 論理的な見解を述べる場合

「その結果、(価格競争は激化せず、弊社製品はよく売れました)」

- **Consequently,** the price competition was not so intense and our products sold well.

3. 意見の相違を明らかにする場合　🔘 69

「これについて弊社は異なる見解を持っています」

- We have a different perspective on this.

「意見が異なります」

- I beg to differ.

4. 否定的コメントを言う場合　🔘 70

「(サービスレベルの低下)について懸念しています」

- **I'm concerned about** degradation of the level of service.

「私の真意は、(生産拠点を海外に移したほうがいい)ということです」

- **What I'm really thinking is** that we should transfer our production bases overseas.

Unit 7-8 交渉冒頭の表現

「(ABC社に信頼できる情報管理システムがないのなら、同社)とはやっていけないでしょう」

- I don't think I can live with ABC Co. if it doesn't have a reliable information management system.

「とにかく(経費削減)が正しいとは思えません」

- Reducing expenses just doesn't feel right somehow.

5. 否定的コメントを受け入れる場合 🔘 71

「わかりました」

- I see.

「お知らせいただいてありがとうございます」

- Thank you for sharing that.

「これがあなた方を本当に悩ませているのだとわかります」

- I can tell that this is really bothering you.

Unit 7-8 交渉冒頭の表現

6. 否定的コメントの理由を探る場合　🔘 72

「なぜ、それが問題になりますか？」

- Why is that an issue for you?

「それに関する何が問題になりますか？」

- What about that is problematic for you?

「なぜこれを懸念されるのか、私にわかるようにしてください」

- Help me understand why this is a concern for you.

7. 解決を提案する場合　🔘 73

「これにどう対処するか考えさせてください」

- Let me think about how we could deal with this.

「これについて何ができるか見てみましょう」

- Let's see what we can do about this.

8. 誤解を解く場合 🔴 74

「誤解があったようですね。弊社が言いたかったのは（最悪の場合に備える必要がある）ということです」

- **There seems to be a misunderstanding. What we meant was** it's necessary to prepare for the worst.

「多分、私がはっきりした言い方をしなかったのでしょう。弊社のスタンスは（御社と直接契約を結びたい）ということです」

- **Perhaps I haven't made myself clear. Our stance is** that we would like to make a contract with you directly.

Unit 9-10　交渉中盤の表現

○**戦略の立て直し**

1. 新しい情報を提出する場合　● 75

「関連すると思われる追加データを集めました」

- We've gathered some additional data that we think are relevant.

「分析を行いましたので、内容をお伝えしたいと思います」

- We've done some analysis, which we would like to share.

2. 課題を再定義する場合　● 76

「前に戻って、重要な課題を1つ1つ見ましょう。いくつかについては考え方が進展したかもしれません」

- Let's go back and look at each of the key issues. Our thinking on some of them may have evolved.

Unit 9-10　交渉中盤の表現

「この課題にはもう1つの見方があります：(われわれは顧客満足度も上げなければなりません)」

- Here's another way of looking at this: we must also improve customer satisfaction.

3. アイデアを出し合う場合　　💿 77

「これらの障害にどう対応するか、あなたのアイデアを伺いたいです」

- We would like to hear your ideas about how to deal with these obstacles.

「どのような実行可能な解決策を想定していますか？」

- What possible solutions do you envision?

「実行可能なアプローチは、(価格を改善することのみ)でしょう」

- A possible approach would be to only improve the price.

次のページへ続く➡

149

Unit 9-10　交渉中盤の表現

3. アイデアを出し合う場合

「われわれの違いを埋める方法を考えてきて、私が思いついたのがこれです。(納品可能になった製品をその都度、数回に分けて出荷していただけますか？)」

- **I've been thinking about how to bridge our differences, and here's what I have come up with.** Could you deliver the products as soon as they become available, in several batches?

4. 代替案を伝える場合　　78

「それには賛成しかねます。その代わり、(代替案)はすんなり(受け入れ)てもらえますか？」

- **I don't think we can agree to that. Would you be amenable to** accepting an alternative **instead?**

「それは受け入れかねます。代わりに(隔週末に残業する)のはどうでしょう？」

- **I don't think we can accept that. How about** working overtime every other weekend **instead?**

Unit 9-10 交渉中盤の表現

5. 歩み寄りをする場合　● 79

「この点に関しては妥協できます」
- We are willing to compromise on this point.

「弊社が調整可能なのは(輸送費の予算)に関してです」
- One area where we can make adjustments is the delivery budget.

「この点に関して、御社側の妥協は可能ですか？」
- Can your side compromise on this issue?

「その数字に関して、さらに下げる可能性はありますか？」
- Could you possibly come down any further on that number?

○厳しい駆け引きと意思決定

1. 真の目標を明確にする場合　● 80

「御社の主要な懸念事項は何ですか？」
- What is the main concern for you?

「御社が求めているものは何ですか？」
- What are you looking for?

Unit 9-10　交渉中盤の表現

2. 代替案を探る場合　🔘 81

「(これに従事するスタッフを3人増員する)という可能性もあります。いかがでしょう？」

- **One possibility would be** that we add three additional staff to work on this. **How about that?**

「代替案の1つは(この価格を今後3年間固定する)ことです。受け入れられますか？」

- **One alternative could be** that this price will be locked in for the next three years. **Would that be acceptable?**

「御社が(顧客データをくださ)れば、弊社は(購入傾向の分析)ができます。実行可能でしょうか？」

- **We could** analyze purchasing tendencies **if you** gave us the customer data. **Could you do that?**

3. 要求とそれを拒否する場合　🔘 82

「もっといい(価格)を出せますか？」

- **Can you do any better on** the price?

Unit 9-10　交渉中盤の表現

「御社の（専門技術の提供）が本当に必要なのです。実行可能ですか？」

- We really need you to provide the engineering expertise. Can you do that?

「それは弊社としてはできません」

- That doesn't really work for us.

「数字をもう1度見直しましょう」

- Let's take another look at the numbers.

4. 何が必要か尋ねる場合　　● 83

「これに同意できるようになるためには、何が必要ですか？」

- What do you need in order to be able to agree to this?

「意見の不一致を解決できる方法を、ご出席の皆さんに伺ってみましょう」

- Let's open the floor to possible solutions to our areas of disagreement.

「そちらの予算は？」

- What's your budget?

Unit 9-10　交渉中盤の表現

5. 状況を確認する場合　　🔴 84

「ここで数分を割いてグループの雰囲気をチェックしましょう」

- Let's take a few minutes to measure the group mood.

「ここでちょっと立ち止まって、交渉がどこまで進展したか確認しましょう」

- Let's stop for a minute and examine where we are in this negotiation.

「一連の交渉がうまく進んでいるとお感じですか？」

- Do you feel that we have made progress in these negotiations?

「現在の状況に関して皆さんはどう感じておられますか？」

- How is everyone feeling about where we're at?

Unit 11-12　交渉終盤の表現

○合意と承認

1. 合意を確認する場合　　● 85

「私たちは合意したようですね。あなたもそう思われますか？」

- It seems that we agree. Do you think so, too?

「これですべてが確定できたように思います。何か見落としていますか？」

- I think that we now have everything nailed down. Is there anything I missed?

「決定できて大変うれしく思います」

- We're very pleased with what we have decided.

「それをベースに話を前に進めましょう」

- Let's move forward on that basis.

2. 文書化を促す場合　　● 86

「これで文書化を始められそうですね」

- Looks like we can now start putting this in writing.

次のページへ続く➡

155

Unit 11-12　交渉終盤の表現

2. 文書化を促す場合

「文書にまとめる時が来ました！」

○ Time to write this up!

「よろしければ最初の草稿はこちらで起こしましょう」

○ We are volunteering to write up an initial draft.

「この文書化をこちらで試みることは可能です」

○ We can take a stab at writing this up.

3. 承認手続きを伝える場合　　● 87

「この先に進む前に弊社の弁護士の承認を取りたいと思います」

○ We would like to have our attorneys sign off on this before we proceed further.

「弊社の顧問弁護士の目を通したいと思います」

○ We'd like to have our in-house counsel review this.

「弊社が正式な承認を行うために必要な手順はここに示してあります」

○ Here's what we need to do to get something formally approved.

Unit 11-12 交渉終盤の表現

4. 細部の手直しをする場合 ● 88

「これらの詳細を見るのに時間がかかることは理解しておりますが、正しく認識することは重要なのです」

- I realize that looking at these details is time-consuming, but it's important to get them right.

「言い回しのニュアンスはきわめて重要と考えています」

- The nuances in the wording are crucial, we believe.

「われわれの口頭での話し合いと、この文書の記述には食い違いがあるように思われることを指摘させていただきます」

- I'd like to bring up something that I think is a discrepancy between our verbal discussion and how this document is written.

「失礼ながら、この部分の草案を書いた弁護士は、これについて話し合った際のわれわれの意図を理解していないように思います」

- With all due respect, I think that the lawyer who drafted this portion may not have understood the intention we had when we talked about this.

Unit 11-12　交渉終盤の表現

○フォローアップ

1. 合意事項の実施を促す場合　● 89

「この合意事項を実施するため、チームとして働けるキーパーソンを両社から選びましょう」

- Let's choose some key people from both our companies who can work as a team to implement this agreement.

「この合意の実施をフォローする『推進者』を双方から1人ずつ指名するのは、役に立つでしょう」

- It would be useful to designate a "champion" from each side who will follow the implementation of this agreement.

「進捗状況を追跡するために、定期的な検討会議を催すことは役に立つでしょう」

- It would be helpful to have regular review meetings to track progress.

「すべて順調に進んでいることを確認するため、一連のフォローアップ会議の日程を組むのはいいアイデアだと思います」

- We think it would be a good idea to schedule a series of follow-up meetings so that we can make sure everything is on track.

2. 交渉を締めくくる場合 　🔘 90

「われわれ一同、皆様と大変楽しくお仕事をさせていただきました」

- We have all very much enjoyed working with all of you.

「御社との着地点を成功裏に見つけることができ、弊社も喜んでおります」

- Our company is happy to have come to successful terms with yours.

「しごとのミニマム英語」シリーズ⑥
英語の交渉　直前7時間の技術

発 行 日　2015年11月20日（初版）
著　　者　ロッシェル・カップ
編　　集　英語出版編集部

英文校正　Margaret Stalker、Peter Branscombe
校　正　挙市玲子
アートディレクション　山口桂子
本文デザイン　株式会社 創樹
本文イラスト　矢戸優人
ナレーション　Greg Dale、Bianca Allen、桑島三幸
録音・編集　株式会社メディアスタイリスト
CDプレス　株式会社 学研教育アイ・シー・ティー
DTP　　　株式会社 創樹
印刷・製本　シナノ印刷株式会社

発 行 者　平本照麿
発 行 所　株式会社アルク
　　　　　〒168-8611 東京都杉並区永福2-54-12
　　　　　TEL:03-3327-1101
　　　　　FAX:03-3327-1300
　　　　　Email:csss@alc.co.jp
　　　　　Website:http://www.alc.co.jp/

落丁本、乱丁本は弊社にてお取り替えいたしております。
アルクお客様センター（電話:03-3327-1101　受付時間:平日9時～17時）までご相談ください。
本書の全部または一部の無断転載を禁じます。著作権法上で認められた場合を除いて、本書からのコピーを禁じます。
定価はカバーに表示してあります。

©2015 Rochelle Kopp / ALC PRESS INC.
Printed in Japan.
PC:7015070
ISBN:978-4-7574-2677-1

地球人ネットワークを創る

アルクのシンボル
「地球人マーク」です。